暢銷增訂版

重生

從煙毒犯到王牌保險經理人的眼淚與轉捩

陳慧珠 ——著

H₂O 原水文化

感謝所有曾經幫助過我的人！

我要用我的專業與熱忱做為回饋，

也將終生關心並鼓舞受刑人與更生人。

以親身經歷分享見證，

這是我一路努力不懈的成果！

叛逆青春期的我

舊事已過的陳慧珠

1 15歲。國中剛畢業。雖然叛逆、奇裝異服，卻還能清楚看見那份單純。

2 16歲。從事美髮業。和客人閒聊之後，才知道在Piano Bar上班，一個月的薪水居然超過我洗頭一整年。

3 17歲。剛進入八大行業。為了賺更多的錢，小白兔就這樣踏進黑暗叢林。不只菸酒，也吃起了檳榔。

4 18歲。遊走於花花世界。在店裡極受歡迎，對外表充滿自信，年輕就是本錢。

我愛的，也是愛我的家人

新造重生的陳慧珠 *1*

1

1 正值花樣年華的我，與母親的合照。照片裡我們站很近，心卻很遠。我一次又一次傷透母親的心。

2 直到43歲，成了母親好一陣子。我才勇敢對母親「示愛」。那份愛，我已藏在心裡好久好久。

3 兩個孩子是我決心爬出毒海的信心。我要以身作則，把愛與教育傳承給孩子。

努力回歸正途的拚命三娘

新造重生的陳慧珠*2*

1

2

4

3

5

1 我很珍惜第一份「正當」工作。下班回到馨園，一邊顧女兒，一邊整理陌生拜訪簽回來的信用卡資料。

2 拚命三娘從業績吊車尾，到遙遙領先，還榮升開發部副理。當時的四天資訊展裡，我拚出業績第一名的佳績。

3 2004年加入富邦後，我也歷經半年撞牆期。兩年後，我在單位舉辦的進修會競賽中，從100多位同事裡脱穎而出，獲得第二名。（圖中是前富邦人壽董事長鄭本源，冠軍是賴冠丞經理）

4 在富邦升上主任之後，我到淡水富邦人壽訓練中心，參加為期三天的精英專業受訓課程。

5 我不斷地精進專業能力，超越每一個昨天。在一次600人的競賽中，我的業績獲得第九名。

學會用生命影響生命的我

新造重生的陳慧珠 *3*

1

2

3

1 2005年。受高雄地檢署的邀請，與超過200名國中小的老師宣導校園反毒教育的重要性。

2 2001年。隨孫越叔叔至臺中看守所探監，以更生人身分鼓勵受刑人，千萬不要自我放棄。

3 2007年。受臺中看守所之邀請，以「過來人」身分分享與見證（右是趙令級長老，左是時任所長、現任桃園監獄典獄長周輝煌）。

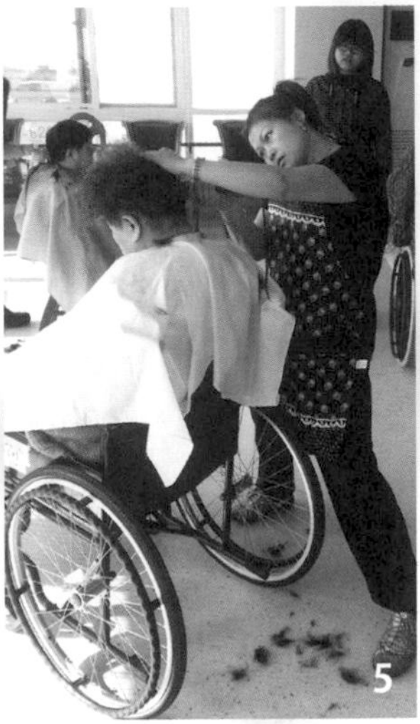

4 2014年。受法務部矯正署邀約，至新竹監獄舉辦反毒生命專題講座。我向受刑人分享戒毒歷程。期待他們未來跟我一樣，脫離魔鬼的掌控。

5 主動參與教會小組服事，定期前往養護中心與養老院的義剪活動。

6 臺中更生團契中途之家主辦的義賣活動。我發揮超級業務員的精神，在現場熱情叫賣！

獲得肯定與讚賞的我

新造重生的陳慧珠 *4*

傑出更生人獎

陳慧珠女士

發憤向上，積極充實自我，開創事業有成並能回饋社會，足資楷模。

法務部部長曾勇夫

中華民國 101 年 8 月 10 日

行政院

Executive Yuan

獎　狀

Certificate of Merit

法務部矯正署臺中女子監獄志工陳慧珠致力毒品防制工作，成效斐然，榮獲 107 年反毒有功人士，特頒獎狀，以資肯定。

院長賴清德

中華民國

This certificate is [illegible] of Taichung Women's Prison, Agency of Corrections, Ministry of Justice for an excellent performance in the anti-drug projects.

LAI Ching-te
Premier
Jun 26, 2018

1&2 榮獲第三屆〈旭青獎〉與〈金舵獎〉殊榮，赴時任總統府祕書長蘇貞昌的接見（圖1左六是我，左四是流氓牧師張進益）。

3 2012年。再度榮獲第十一屆〈金舵獎〉，赴時任總統馬英九接見。

4 2012年。榮獲法務部頒發的〈傑出更生人獎〉。

5&6 2018年．榮獲法務部矯正署〈反毒有功人士〉殊榮，並由時任總統蔡英文授獎。

重生

目　次 contents

推薦序

1 傳遞勇氣與鬥志，開展精彩新人生——邱鴻基（臺北監獄前典獄長）017
2 從谷底站起，經歷生命更新的喜悅——黃玉齡（彰化地方法院法官）020
3 直率、熱情、正向的真善美人生！——薛吉廷（富邦人壽中鼎通訊處處經理）023
4 愛的信仰，成為新造之人做新事——董月春（臺中更生團契駐監牧師）026
5 用愛心用生命來服事的奇女子——鄭大衛（臺中錫安堂牧師）030
6 在人不能的，在上帝凡事都可能！——曾仁杰（牧師里長）033
7 這顆寶貝珍珠將成為更多人的幫助——黃明鎮（更生團契臺北總會總幹事&牧師）036
8 不放棄不絕望，重新看見人生曙光——柯約翰（多倫多新希望福音基督教會牧師）038
9 修正步伐重新出發——王錦賜（臺灣更生保護會常務董事兼臺中分會主任委員）040

作者序 暢銷增訂版

進階的「福音」戰士 042

PART 01

{迷霧} 往事不堪回首

受刑人編號6274 046

我常在半夢半醒之間，不自覺摸著口袋，彷彿瞬間就能掏出一包海洛因。再將鏡頭往牢房拉近，眼前這個紙片人叫陳慧珠，受刑人編號6274。身高一百五十五公分，戒斷期間體重只有三十八公斤。

- 當毒癮發作，簡直生不如死 047

叛逆青春期，立志當大姐頭 050

我有個可以跟他稱兄道弟、讓我很有安全感的國中同學罩我。我的志願是要「成立幫派」，立志做被管訓過的女流氓、人見人怕的大姐頭。我的幫派專收女生，名字就叫「野火幫」！

- 大人眼中的不良少女 051
- 當過餐廳小妹和洗頭妹 054

八大行業，墮落初體驗 062

我決定要跟天天來洗頭的、這群光鮮亮麗的姐姐去Piano Bar上班。每天穿的漂漂亮亮，一個月賺的錢比我洗一年頭還多。從未滿十八歲到二十八歲，十年間玩遍臺中各大舞廳，樂此不疲。

PART 02

{暗夜}吸毒的那些年

- 不當洗頭妹了，酒店小姐才風光 063
- 十八歲結第一次婚，一年半後離婚收場 067
- 第一次吸毒，就墜入毒癮世界 069

走唱的人生，走味的酒杯 072

第一次唱那卡西場，我不會唱喝醉酒客人點的歌，差點被「冰桌」。有場廟會的秀，觀眾超過千人，是我有史以來最多人捧場的一次。剛出獄的黑社會大哥，每天都帶一票小弟來聽我唱歌，結帳至少是四萬元起跳……。

- 從酒店小姐變身秀場玉女歌手 073

我在黑社會的荒誕歲月 078

跟黑社會大哥在一起的七年，我背上人生第一條罪名：賭博罪。跟進跟出的我，沾染種種惡習。不說話時，看來頗有氣質，一旦開口滿嘴三字經、五字經，道上兄弟都招架不住我的毒舌！

- 當上大哥的女人 079
- 二度沾染毒品，人生更黑白 081

戒毒，永遠是明天的事 086

海洛因上癮之後，我和家人八個月未曾連繫，跟黑社會男友終日泅泳在毒海中。有天，大弟竟然找上門，他告訴我：「媽媽快死了。」

- 真實上演的警匪追逐戰 087
- 媽媽的眼淚也無動於衷 090
- 再婚，竟成「亡命天涯毒鴛鴦」 096
- 臺中女子監獄，瀟灑走一回 106
- 諾言變弱言，再度被抓進牢房 113

首度成功拒絕魔鬼的試探 122

阿姐從內衣掏出一包最純的海洛因，「我不要！」她再找出吸安的用具，「這我也不要。」最後，她拿七星菸要請我抽。「這……我也不要！」

- 徹底改變人生，拿出說「不」的勇氣 123
- 來的真不是時候的小女兒 127
- 住進中途之家，洗淨汙穢過往 134
- 生命影響生命，藥頭阿姐改賣鞋 149
- 斷捨離，卸下被濃妝綑綁的假面具 153

PART 03

{曙光} 重寫人生劇本

第一份敢光明正大說出口的工作 160

要生活，要過正常人的生活，單憑一張國中畢業證書，到哪裡找工作？正當的職業沒經驗、沒概念，也沒有專業知識，我該怎麼辦？

- 總算明白「不懂就要問」，業績逆轉勝 161
- 進入保險業，遇見貴人與契機 168
- 珍惜每張保單，腳踏實地的感覺真好 174
- 警察、法官、牧師和醫師，都成了我的保險客戶 180
- 做個盡職的保險員，幫客戶爭取最大的保障 184

對愛情絕望，對親情渴望 188

他對我算是一見鍾情吧！我看他受過高等教育，讀了不少書，出監後也勤勞認份做水電，極力保證支持我的信仰和反毒的決心，於是，我再度走進婚姻。沒想到這個當初很勤奮的男人，因為毒品出賣自己的人格，也害了家庭……。

- 第三段婚姻又栽在毒品手裡 189
- 毒癮發作像趕死隊一樣可怕 195

有一盞明燈，等著我回頭 200

一向強大的母親中風了，她遺憾唯一的女兒不曾向她撒嬌過。但我怎麼可能撒嬌，要我開口說「我愛妳！」打死我都不幹！

- 親情的愛，喚我回家 201
- 孩子，媽媽愛你們 205

破繭重生，告別黑暗人生 214

生命中的不堪，可摧毀一個人，也可在旅途轉彎。因毒品殘害而支離破碎的人生，卻也因著上帝和許多人的愛，又一片一片拼接完整。

- 走正確的路，恩典數不完 214
- 反毒不歸路，我願終生到監獄服事 217
- 何德何能，與法官們分享生命的改變 221
- 重新看重自己，化腐朽為神奇 226

超有感分享 在黑白的人生中注入色彩——鄭本源（富邦人壽前董事長） 232

附錄 作者獲獎&媒體採訪&文集刊登紀錄 249

我找到的重生意義 暢銷增訂版

1 寫給在毒海裡載浮載沉，戒毒尚未成功的人。
看著「同學」沉淪的心痛／235

2 寫給正在學習、想要與家人和解的你。
頭痛人物更需要「愛」／241

3 寫給親子關係緊張、想要拉近彼此距離的你。
沒有距離的親子關係／245

推薦序1　臺北監獄前典獄長　邱鴻基

傳遞勇氣與鬥志，開展精彩新人生

近年來，新興毒品不斷出現，國人遭受毒害的年齡層，有逐年下降趨勢，毒品在社會邊緣的生活圈裡，也一直難以禁絕，毒品問題已經成為國際與國內治安上棘手問題。

個人服務於矯正機關將近四十年，處理過許多毒品案件收容人假釋，多數人不斷在想戒毒與再次受誘吸毒的環境中掙扎。監獄內規律的生活與無毒的場域，收容人確實可以做到戒除生理上的依賴，恢復健康的體況，但在步出監獄高牆之後，更生人有時不經意地容易放棄自己原有的意志力及堅忍的心，因再犯或違反了保護管束期間應遵守事項，又被撤銷其假釋重回監所。因此，更生人回歸社會融入家庭生活之時，才是真正挑戰與考驗的開始。

慧珠小姐在人生的上半場，兩度進出監所浪擲青春，她曾在監獄教化活動偶然接觸宗教課程，牧者有緣人是指引她重生的曙光，於信仰中獲得救贖，體悟「一旦吸毒，終身周旋在戒毒泥淖裡」，堅定一定要翻轉人生，因而譜寫出逆轉勝的劇本。

現在的她進入人生的下半場，在我擔任女子監獄典獄長時，透過教會主事人員，就經常邀請她以戒毒成功者的角色，進行許多次的公益演講，見證她以渴望與熱誠的心，進出各矯正機關，用自己的親身經歷，協助更多收容人擺脫心靈的枷鎖，引領他們面對出監後的挑戰。她的熱情與堅持及積極態度，正是最具有說服力的生命教育模範，並且曾經獲得總統召見的殊榮，實至名歸，值得推介。

誠如書中所言：「每一個受刑人內心都有一顆良善的種子，時候到了就會萌芽，成長茁壯，甚至勇敢走出來，再回頭幫助其他身陷泥淖的人。」書中沒有怨懟命運無情，雖然她在個人職場領域上已經站穩腳步，但卻始終謙虛，不標榜事業這一區塊上的成就，慧珠小姐期望藉由她的親身經歷，以新生命的感恩影響凡人大眾，傳遞勇氣與鬥志，啟發有相同遭遇的人開展全新的人生！

推薦序2 彰化地方法院法官 黃玉齡

從谷底站起，經歷生命更新的喜悅

陳慧珠姐妹的生命故事精彩又有戲劇張力，令人讀來嘖嘖稱奇。若不是信仰生活讓我們在教會裡相遇，很難想像我們的人生旅程如何會產生交集。

她曾是「黑社會大學」的高材生，在菸、酒、毒、賭及聲色場所中打滾，而我出生在經濟無虞的小康之家，求學過程順遂，畢業後如願考上公職，我們的人生軌跡本是兩條毫不相干的平行線。然而，上帝除了讓我有機會坐上法庭，看見審判臺下那些吸毒者罪惡不堪的人生，更藉著慧珠，讓我得見成堆的卷宗內所看不見的另一面——那些被毒癮捆綁、在罪惡感中矛盾爭扎的族群，那些在期待滿滿與失望落空之間擺盪起伏的家人，以及那些伸手扶持、打氣、陪伴更生人從谷底站起的感人故事。

從慧珠的身上，我們看見上帝如何奇妙地改變一個人，從毫無指望、跌跌撞撞，到奮起向上的生命轉折，宛如一樁奇蹟。

我知道，雖然如今慧珠已經是一個被社會肯定的更生人，現實生活中仍非毫無軟弱，尤其在遭遇身體病痛疲乏、面臨經濟困窘之際，她依舊會誠實地表露出心中的軟弱無助。令人欣慰的是，這些年來，慧珠就算在困難的環境中，也很少抱怨環境的不公平，或埋怨周邊的人事物，反而用嘹亮的聲音讚美、感謝神，即使在身體不適的情形下，仍然願意關心扶持別人，這是信仰生活的真正實踐。

聖經記載上帝的話語說：「有了我的命令又遵守的，這人就是愛我的；愛我的必蒙我父愛他，我也要愛他，並且要向他顯現」（約翰福音第14章第21節）。我祝福慧珠一生都為這段帶著神美好應許的經文作見證。願神透過慧珠的生命故事影響更多人，謙卑地來到神的面前，真誠地認罪悔改，經歷生命更新的喜悅。

推薦序3

富邦人壽中鼎通訊處處經理　薛吉廷

直率、熱情、正向的真善美人生！

「您好，我是慧珠，盡量叫我……『尚水ㄟ』！」二〇〇二年夏季的一場聚會，這段聲音洪亮又直率的自我介紹，讓人不留下深刻印象也難。與慧珠的第一次至第十次見面，那股熱情與直率都一樣，只會隨著見面次數感受更多的熱情與正向力量。我思索著：天吶，是怎樣的歷練與學習，造就了如此豁達的人生態度！

與慧珠共事已超過十四年時間，雖說是同事關係，實際上早已昇華成家人般的互相關懷。看見慧珠在保險工作上要求自己對於金融商品的條款字義，一定要完全理解透徹；針對客戶的權益保障，更是優先照顧，這是實踐金融事業的「真」。

再則，曾陪訪身體重疾的客戶售後服務，因為看見客戶的淚眼，體會急迫保險理賠的需要，慧珠即刻向前給予關懷擁抱，安撫躁動不安的情緒，令一旁在側的我深深感動，她毫無掩飾的散發了人際相處的「善」！

正因慧珠秉持著發自內心的「真」與「善」，積極投入社會所需族群的奉獻、海內外的分享會，不但讓人感受到正向的力量，更有著願意提供溫暖的雙手，引領人們遠離陰影、走向陽光，這也是展現生命中的「美」！

人生歷程猶似心電圖，有著上下起伏的跳動，方可孕育出強韌、精彩的人生。透過慧珠這本書的分享，相信我們定能從中體會到「直率、熱情、正向」的人生真善美！

推薦序④　臺中更生團契駐監牧師　董月春

愛的信仰，成為新造之人做新事

慧珠在臺中女子監獄受洗之後，我基於志工的關心，邀請她出監後參加教會的聚會。第一次參加主日聚會的慧珠，蹬著一雙很高很高的高跟鞋，一件短到不能再短的窄裙，及一臉大濃妝，嚇得當時的招待「牧師嬤」，直接拉著她的手，說「妳為什麼會這樣漂亮呀」，似乎再也找不到第二句話來寒喧。

另一次，我帶她到中興軍事看守所布道後，因為下午另有行程不能載她回住處，於是便在公車站放下她，告訴她某班車的終點就可以到她家。殊不知，才一轉身，她馬上伸手招了計程車。結果被我叫停，訓了一頓，「妳不是才剛出監，沒有錢，連零用金都是伸手借的，為什麼有公車不坐，偏要叫計程車呢？」

價值觀往往深刻地影響一個人的選擇。慧珠從洗髮小妹選擇到酒店去上班，轉折了她的人生。從眾多愛慕者當中，選擇了一位好賭的先生。從結婚到失婚，從失婚再到結婚，所遇都非良人。偏偏也未能從失敗中得到智慧。受役於情感，最可恨的是情感的挫折，讓她深陷毒品的泥沼。

還好，在毒沼的深淵中，她做了一個對的選擇。她選擇了可以使她成為新造的人的神，從此柳暗花明又一村，這十七年來，她過著新造之人的新生活。

慧珠的另一個正確的選擇，是離開吸毒的丈夫，來到臺中「馨園」。馨園是為更生姐妹所預備的安置處所，是基督教臺中更生團契所設的女性中途之家。慧珠是第二個入住馨園的同學，在這個溫馨的家園生女育兒，也奮鬥了她的事業，入住的這三年期間，她親手做正經事，還有餘裕可以分享於人。

慧珠手巧聰慧，手工藝、剪髮、插花等，要不無師自通，要不一學就會，常回饋馨園的同學，為姐妹義剪，教串珠，亦把自己的失敗毫無保留分享與人，成為別人的借鏡。

這十七年來，學校的反毒活動、監所過來人見證分享等，她從未推卻，也把握時間分別出來當監所志工，成為牧師的左右手。一路走來，得獎無數。

近幾年，慧珠身體的狀況比較不好，心臟與頸椎都陸續出現狀況，常頭痛、水腫、呼吸急促，有時連班都不能上。但對於服事卻幾乎不停歇，有時，她請了假，時間一到又出現了，無論領詩歌或作見證都用生命呈現。愛的信仰改變了慧珠的生命，慧珠也把生命獻給了愛她的神。

推薦序 5 臺中錫安堂牧師　鄭大衛

用愛心用生命來服事的奇女子

一位在更生團契服事的姐妹，帶了幾位更生姐妹參加我們的晨更。初時，慧珠似乎沒進入狀況，常打嗑睡。記憶中，一開始常有男孩子跟著她來我們教會，那在我們心中有些儆醒，好奇這女孩是什麼背景？所幸不久後她逐漸進入狀況，生命也明顯有了改變。某次晨更後，她說常睡不好，我邀了幾位朋友為她作醫治釋放、內在醫治的服事。感謝主，慧珠的身體狀況有好轉！

她在我們教會附近早餐店認真工作。過去曾想墮胎拿掉孩子，即使我們勸她萬萬不可，她還是去了診所。只是掌權的主動工，孩子仍生下來了。爾後她把握推廣手機的工作機會，教會弟兄姐妹也用愛心扶持，有人替她帶孩子，讓她安心工作；有人奉獻嬰孩奶粉、嬰兒床，使她在收入不穩定的過度期，依然能自力更生並上進學習。

那時，我擔任更生團契委員，看見她盡力參與馨園更生女子服事。偶然機會也得知她曾為探望出獄後的女子，需開遠途路程去拜訪關懷。我知道，她是用愛心用生命來服事這些孩子。

我也看見她主動帶孩子參加各項營會，常安靜等候神、禱告神。看見她的兒女那樣孝順，願神的榮美在慧珠身上彰顯，神的榮耀要向她的孩子顯現！

雖然，她仍然常穿非正式及膝的褲子來聚會，沒達到我希望她穿古典長裙、成為聖徒的榜樣的期許。但是我不會用律法來要求她，只要她活出主對她的命定。願主施恩憐憫保守她走在得勝者的行列！

推薦序⑥ 牧師里長 曾仁杰

在人不能的，在上帝凡事都可能！

約十多年前，慧珠姐妹來到我們的教會，固定在每週五晚上，一起參加小組聚會。她的成長背景跟我很像，都有一段不堪回首、令人傷心與失望的過去。

慧珠跟我可以說是一見如故，因為在她過去那一段敗壞的日子裡，她曾經交往的角頭男朋友，是我以前所認識的道上朋友，因此我們算是有許多共同「朋友」，每當聚會結束之後，我們特別有話可以聊。

當然，我們都是幸運的，在走過從前那段荒唐的歲月後，成為蒙上帝恩寵揀選的人，然而這一條恩典的路途，慧珠姐妹走得十分地努力，過程也非常地不容易，她必須付出比一般人更多更艱辛的代價，才能被周圍的人所接受與肯定。

這十幾年來，我看見慧珠的生命不斷地被上帝破碎，又不斷地更新與成長，也從她的身上見證了上帝的能力與作為：祂把被人視為「不可能的轉變」成為可能，把已經行走在死亡道路上的人扭轉，並引領到光明平安的道路上，更把人視為「不值錢的垃圾」轉變為價值連城的珍珠。

而今，慧珠不僅不再是以前那個為毒而生、無毒不歡的毒蟲，還搖身一變，成為活出自我生命色彩，在全國各個監所，放膽向鐵窗裡的同學散播愛和勇氣的使者。願慧珠姐妹這本生命見證的著作，得以喚醒所有深受毒害的人，讓生命可以脫離罪惡的轄制，重新活出有意義的人生。

推薦序⑦ 更生團契臺北總會總幹事&牧師　黃明鎮

這顆寶貝珍珠將成為更多人的幫助

慧珠在神眼中像一顆寶貝珍珠，是經過多年的苦楚和折磨，才蛻變長成的閃亮明珠。她能唱，能講，能演，難得她還能寫，實在是女流之輩，不可多得的人才。

其實監牢裡臥龍藏虎，人才濟濟，可惜有好些是越關越壞，有的出獄後，仍然「聰明反被聰明誤」，沒把聰明用在對的地方，所以才會又花大把鈔票去吸毒害人害己。慧珠悔悟後，戒了菸，戒了毒，神才給她很多恩典，為了是日後她要成為很多人的幫助和祝福。

大家都知道吸毒很難改，有的甚至悲觀的說：「四根釘子釘下去，就會改了！」意思當然是進了棺材才會改。但慧珠吸毒多年，為什麼活著就能改？答案在這本書上寫得很清楚，是因為她有了信仰，若沒有悔改，她是不可能改變的。所以，上帝是她生命更新的最大恩人。

如今她出版這本書，用意也是希望更多的人，在人生旅途徬徨無助時，快來接受這個愛的信仰，藉由聖靈給予的力量，不但戒毒成功，還能以過去的經歷，去指導迷津，幫助弱勢，走出陰霾，活出生命的色彩。

推薦序 8

多倫多新希望福音基督教會牧師　柯約翰

不放棄不絕望，重新看見人生曙光

我因參與臺灣監獄短宣，從而認識陳慧珠女士。她是監所福音工作所結的果子，從一位因著吸毒、販毒入監的囚犯，因為信仰，而讓自己重新振作，用她翻轉的生命力影響更多人！

儘管過去她因吸毒過深，傷害了身體，洗心革面後，卻能自力更生，也獨力扶養兩個孩子，又願意投入監所勸化的事工，去關心需要被愛又被忽略的人，讓我深深被她生命的轉變感動不已。

在陳慧珠身上印證《聖經》裡的一句話：「我不以福音為恥，這福音本是神的大能，要救一切相信的……」（羅馬書 1:16）。她勇敢向人述說自己的失敗、掙扎與痛苦，卻在絕望中獲得意想不到、來自神的恩典，因此人生得以脫胎換骨，她以此來勉勵同樣人生處境不順遂的人，不要放棄、不要絕望，重新尋回生命的曙光！

我強力推薦大家閱讀她這本真人真事的分享，必然能從中獲得諸多啟發與省思。

推薦序⑨ 臺灣更生保護會常務董事兼臺中分會主任委員 王錦賜

修正步伐重新出發

人生旅途上，際遇各不同，樂觀進取、付諸行動的人，多數能循自己的理想，逐夢踏實；有些未成熟、在途中不慎迷失方向與目標的人，所幸即時遇到貴人、指引迷津、導回正途，進而修正步伐，開創更寬廣的康莊大道。阿珠就是一個例子。

阿珠在荊棘滿布的路上痛下決心改邪歸正，相信親情的呼喚，也是促使她更生之路的關鍵力量！雖經歷多次進出監所，從書中讓人見證阿珠的生命改變：

一、肯定自我的決心：阿珠有高度的抗壓性，不怕被失敗擊倒，反而把自己歸零，並從中累積信心，進而擁有決心與耐心地朝自己的理想邁進。

二、不接受誘惑還能正向影響他人：要能抵擋誘惑並不容易，尤其對於煙毒犯的更生人，能不被原本周遭人事物影響，進而還能正向影響仍深陷其中的人遠離誘惑更屬難得。

三、家人的關心是最大支撐力量：母親是家庭的中心，親情一次次地召喚，從來沒想過放棄，難怪她母親說「阿珠的悔改，比中樂透還好。」

四、培養個人的專長和興趣：沒有漂亮學歷，但有積極好學的毅力，從做中學、不懂就問、精進專業能力；也運用剪髮、插花好手藝幫助需要幫助的人。

阿珠更多的生命見證請參考本書，也期盼讀者能因此看見更生人的正向改變而給予他（她）們機會，或許是個小動作，亦或一聲允諾，或是一份工作，對他（她）們來說，將化為無止盡的感謝、懷、接納與肯定！

暢銷增訂版　作者序

進階的「福音」戰士

二〇一八年年初《重生：從煙毒犯到王牌保險經理人的眼淚與轉捩》出版後，出版社為我安排北中南各一場新書分享會，在這三場分享會中，我感受到禱告的力量，這三場活動將讓我今生難忘。尤其是一位讓我哭紅雙眼的國中畢業生，他曾吸毒、無惡不作的社會敗類，到翻轉生命的故事。

因為出書，讓我有機會全省跑透透，到監獄、學校、軍中、教會、機構單位做反毒專題的宣導，也透過廣播電臺、電視、平面訪問、拍紀錄片等方式進行分享。

我的書竟能成為茫茫書海裡的其中之一，那種被震撼的感受無法言喻。我同時在茫茫人海中，找到了敬愛的富邦人壽保險公司前董事長鄭本源，這事讓我好開心。他是實務經驗豐富的超級業務高手，讓我相當敬佩的人。

由於書上有收錄鄭董頒贈彩帶給我照片，所以我決定寄一本書給鄭董。無奈無從打聽到他任何消息，他也好幾年沒有來臺中開會了，根本不知道要寄往何處，抱著一線希望，我把書寄到臺北總公司，並留下我的手機號碼，期盼鄭董能夠收到。

有一天，我收到鄭董的訊息。為了見他一面，我特地坐高鐵從臺中到臺北，鄭董欣喜看到故事中的人，竟是自己的業務同仁，他的鼓勵讓我更努力。鄭董常通過 LINE 傳送鼓勵人心的故事及分享漂亮的景色，我也樂於轉發出去。

當然，用心在哪邊、成就就會在哪邊。當時新書一出來，我必須抓住黃金時間打書、打知名度，還記得鄭董曾提醒我，保險業務與公益活動之間的平衡點要抓好。讓我隨時回頭檢視自己的活動，期盼在保險業務同樣能看到自己的努力成果。

就在書出版將近兩周年，一個被全世界視為大災難的新冠肺炎（COVID-19）疫情蔓延開來，我深刻感受到人生旅途中，會遭遇許多的事故，這些經常是自己完全無法掌控的。珍惜眼前，把握當下，是很重要的。願遠在加拿大恩典合唱團的團員們、願全世界的每個人都能平安，平安就是福。

因為疫情而許多演講場次被迫取消，我也曾無助與失落，整頓心情後，我決定利用這個空檔充實自己，我就讀但以理學院並順利結業了。我進階為帶職傳道人，在疫情之中，我的生命成長，也結識了福音戰場上的好友，一起為社會帶來祝福及貢獻，事情有如此成就，心頭是甘之如飴。

PART 01

{迷霧}往事不堪回首

是懊悔，還是悲傷？

不知該如何定義的心緒，

像冷冬樹上無聲零落的一葉枯黃，

隨風盪入重重迷霧中，崩裂成最深的幽暗……

受刑人編號６２７４

我經常在半夢半醒之間，不自覺摸著自己的口袋，彷彿瞬間就能掏出一包海洛因。若是將鏡頭往牢房拉近，這個紙片人女孩叫「陳慧珠」，受刑人編號６２７４，身高一百五十五公分，戒斷期間體重三十八公斤。

一朵孤單的烏雲在遠處堆疊成形，緩慢地壓蓋到我的頭頂上。蒼白的臉龐從兩鬢滲出一顆顆斗大的汗珠。天空是灰黑色，卻沒有風，悶罩著。烏雲一直在翻騰，我睜睜地盯著它，它越發膨脹，越來越大、越來越低，向我襲來……。

當毒癮發作，簡直生不如死

汗水淹沒了全身，我躲在厚重的棉被裡，悶罩著，鼻涕、眼淚跟汗水和在一起，一股酸臭的味道讓人作噁，噁心到連膽汁都吐出來了。天知道被汗、淚和鼻涕浸溼的我，竟瑟縮在兩條棉被裡，不住地發抖。這個冬天，特別冷！

我噤聲，心中卻吶喊著：「誰讓這個骨瘦如柴的女孩不停地撞牆、自摔，用盡所有力氣捶打自己的下體？盜汗、嘔吐、忽冷忽熱、起雞皮疙瘩，全身如萬蟻噬骨般痠疼，任憑我不斷地哭喊，卻叫天天不應、叫地地不靈。難道我就這樣死去？」

突然，一聲暴雷劃破幽暗的死寂。「把那位同學叫起來洗澡，已經在被窩躺三天，臭死了！」被主管叫來照料我的陳同學（按：

在監所中通稱收容人為「同學」），輕輕地搖了搖躲在棉被裡的我，可我說什麼也不肯起來洗澡。此刻，站在鐵窗口的主管用力喊了三次：「叫她起來洗澡！」

「我不要，我不要洗澡！」自己也不知道哪根筋不對，孱弱地發出抗拒的聲音。監方主管火大了，打開鐵門，右手拿了一條其粗無比的橘黃色水管，左手掀開我身上的兩條棉被，狠狠地抽了我好幾下，我緊緊地抿著雙唇，死命憋著不哭出聲。

陳同學不忍心，用自己的身子替我擋水管，硬是把我拖起來，主管才停手。「卡巴結ㄟ，走，來去洗身軀。」從此之後，我與陳同學結下不解之緣，我都叫她「阿姐」。

文字無法形容毒癮發作時，那種生不如死的痛苦。一九九九年，在飽受一級毒品海洛因殘害後，我在臺中女子監獄戒治，我在戒斷的痛苦中呻吟，並與死神搏鬥著，更經常在半夢半醒之間，不自覺摸著自己的口袋，彷彿瞬間就可掏出一包海洛因。

飆淚的雙眼半開半闔。再將鏡頭往牢房拉近，這個紙片人女孩叫陳慧珠，受刑人編號六二七四，身高一百五十五公分，戒斷期間體重三十八公斤。

叛逆青春期，立志當大姐頭

我有個可以跟他稱兄道弟，讓我很有安全感的國中同學罩我！我的志願是「成立幫派」，立志做被管訓過的女流氓，做大姐頭，專收女生，幫派名字就叫「野火幫」！

小時候寫作文，〈我的志願〉幾乎是每個老師必出的題目。很多男生的志願是開飛機、做科學家，不然就是當「蔣總統」。女生要嘛想當老師，要嘛就是模特兒。我雖然天生一副好歌喉，但我的第一志願不是當歌星，而是要「成立幫派」，立志做被管訓的女流氓，專收女生，幫派名字就叫「野火幫」。

大人眼中的不良少女

國二時，我成天跟村莊裡壞到出名的張〇〇在一起，他是我的同班同學。國中時（目前自己開檳榔攤）叱吒風雲，不需要開口，也不需要動手，大家只要一看到他的臉，就知道他不是「混假的」，即便是那些愛逞強鬥狠的青少年，都對他「聞名色變」，完全沒有人敢去招惹他。

與張〇〇稱兄道弟，讓我十分有安全感。在那個階段，我不崇拜電視上那些歌手明星，只有他是我的偶像。他的家裡有各種不同種類的刀械，每一把刀我都曾拿起來比劃比劃。其中一把像極了鍾馗手上拿的刀，當我雙手緊握這把刀柄，還沒殺出去，就感覺到這把刀使人不寒而慄。

我也會隨身攜帶刀械出門，比如小型的水果刀或扁鑽。原因是為了要「耍狠」，若是跟人起衝突，便可派得上用場。

有兩次我真的差一點要砍人，都因為有人用言語羞辱我的母親，所以我受不了，整個人抓狂。其中一次是因為鄰居用輕蔑的口氣對我說：「妳媽媽穿什麼明星褲啊？」聽了之後，我立馬回家拿了一把菜刀，衝向隔壁，打算砍鄰居。

第二次我是拿了剁骨刀、找了幾朋友，準備去砍人，因為父親在外面有女人，我挺母親。我和朋友跟著母親一起去，想要狠狠教訓那個女人。結果母親一個人就很有看頭，根本用不著我出手。儘管這兩次最後都被母親阻止，但她至今還記得，偶爾想起還會對我說：「妳當初時有影真恐怖。」

仗著張同學挺我，我開始在學校惹事生非、找人嗆聲，而且都是嗆男生。就連個性溫和的班導，都曾經被我氣到直接在教室外的走廊，對著我怒吼：「陳慧珠，妳又在潑婦罵街了，是不是？」當下我臉一橫，瞪了那個被我嗆聲的那個男同學，心裡數算著：「咱們走著瞧！」班導是一個很有智慧的老師，面對我們這群放牛班的學生，並不會因為品性壞而放棄我們，反而給予更多的關心。

在我的印象中，我去學校幾乎都是翻牆上學，從來不走學校正門。因為我家就在學校後面，翻牆最方便了。國中讀了三年，我就翻了三年的牆，即使夏天穿著裙子，也照翻不誤。

我十五歲出社會後，就請到菸牌，可以光明正大在大人面前抽菸。十六歲時，父親還主動請我抽菸。看來我不只是「資深毒蟲」，還是個「老菸槍」啊！

當過餐廳小妹和洗頭妹

國中畢業後，我的組幫派志願並未實現，反倒因為家裡窮，底下還有四個年幼的弟弟，母親沒錢讓我念書，就要我跟她一起去工廠做女工，賺錢貼補家用。

幫派夢碎的我，先是聽媽媽的話，在位於大里的皮鞋半成品工廠上班，不過，勉強做了半年後，實在受不了這麼無聊的工作，就主動跟母親說要去學美髮。那時我十五歲，之後兩年時間我都在學美髮，也因為洗頭洗到嚴重的富貴手，雙手每天都會流血，母親看了不忍心，叫我不要再做美髮了。

於是，我到臺中中華路夜市的一家海產店做餐廳小妹。當年的中華路是相當繁榮的區域，每天晚上都是人來人往，我工作的那家海產牛排店生意好的不得了。店裡有兩層樓，一樓有七個服務生，二樓由我一人包辦，客人川流不息，結帳後總會留下小費，讓大家樂得有一些外快可以均分。

我老是忙到沒時間吃飯，等到有空吃飯時，菜都被其他同事吃光了，只好請牛排師父煎一顆荷包蛋給我配飯。儘管如此，我還是每天拚命地工作。

那時，有一位年約二十六歲、西裝筆挺的男人（後來才知道他是電腦工程師）常來店光顧。他總是特意坐在二樓露臺的位置，等人潮散去，他看見我端著一碗飯靜靜坐在角落吃，碗裡只有荷包蛋，就叫我過去坐，夾菜給我吃。

就這樣持續好幾個月，我覺得怪怪的，他好似要追求我，便開始閃他，只要他一來，我就趕緊躲進儲糧倉庫。只是就算下雨，他也淋著雨癡癡的等，我心想：「怎麼會有這麼癡情的男生啊？」他的行為舉止簡直把我嚇壞了。後來，我只好請母親為他介紹適合的女孩子，彼此就沒再聯繫了。

在夜市餐廳當服務生、端盤子的日子很辛苦，不只是日夜顛倒，也經常忙到餓肚子，所幸一休假，我就不枉青春，經常流連在臺中各大冰宮、撞球場，也常常跟著鄭大哥一起去文心路飆車，算是一種壓力的釋放吧。

鄭大哥很害羞，是我在學美髮時，第一個追求我的男生，可惜，他不是我的菜。不過，他騎車的技術真的很好，油門一催，輕輕鬆鬆就能「翹孤輪」，羡煞熱愛逞快的年輕人。

路上常見一群不要命的年輕人，騎著機車沒帶安全帽，一場又一場演出極速飆車，觀眾圍觀看刺激，一旦有人摔車，觀眾不會緊張地說：「快叫救護車！」只會問：「死啊嘍？」

在餐廳端了幾個月的盤子後，因為想要有一技之長，我又重新回到美髮業，更躍上臺中市最繁華的地段——聯美歌廳（當時很多港臺知名藝人都會來此作秀，卻於一九九二年五月七日遭祝融之災，走入歷史）旁邊的髮廊。

來洗頭的客人多半是從事八大行業或在歌廳舞廳上班，年僅十七歲的我，並不知道社會上那奸險邪惡的一面，只是眼巴巴看著年紀跟我差不多的客人，天天都打扮得漂漂亮亮來洗頭，讓我對她們的工作及背景產生興趣。

時間久了，有一回我終於鼓起勇氣，問其中一位常來洗頭的客人，「平常是做什麼工作的啊？」

「我們在 Piano Bar 上班啊。」客人這樣回答我。

「Piano Bar？上班要做些什麼？」沒概念的我，好奇地問。

「就是陪客人聊天、跳舞、喝酒、划拳、唱歌啊……。」

居然有這樣輕鬆的工作，讓我忍不住繼續追問：「那麼妳們的上班時間呢？待遇好不好呀？」

她說：「從下午五點到晚上十一點，每天只要工作五小時，一個月薪水可以領一萬八千元。」

聽到一萬八千元的月薪，只需要每天做五個小時，下巴差一點要掉下來了。心裡默默地怨嘆著：自己每天從早上九點洗頭洗到晚上九點，最高紀錄一天可以洗三十九顆頭，一個月加抽成最多才領七千多元，怎麼差那麼多？

眼睛一亮的我，突然脫口而出：「那我可以去做嗎？」

她說：「可以呀！」

17 歲。正準備告別難賺的洗頭妹一行，滿心期待要投入「錢真好賺」的 Piano Bar。

慧珠的人生啟示錄

以前對金錢的錯誤觀念，造成人生上半場演出的多是悲劇。錢不是萬能的，但沒有錢萬萬不能。做正經事賺來的錢光明正大，賺時心安理得，花時也心安理得。一分耕耘、一分收穫，果實才最甜美。

PART 02

{暗夜} 吸毒的那些年

毒癮是深邃的黑洞，不讓光透進，

也不讓光滲出，那是無法形容的煉獄。

我被毒品全然控制，時時刻刻被魔鬼嘲笑著……

八大行業，墮落初體驗

我決定要跟天天來洗頭、這群光鮮亮麗的姐姐們去 Piano Bar 上班。每天胭脂紅粉、紅飛翠舞。從未滿十八歲到二十八歲，十年間玩遍臺中各大舞廳，樂此不疲，中間還有四年的時間擔任演藝駐唱歌手……。

未滿十八歲的我，不知好歹、貪圖高薪，糊里糊塗進了八大行業。Piano Bar 是八大行業裡最單純的地方，姐姐們借給我衣服，要我穿成熟一點。可是，我永遠記得第一位客人對我說：「欸，怎麼會有一個小孩坐在我旁邊？」

不當洗頭妹了，酒店小姐才風光

到了鋼琴酒吧上班之後，才發現大多數的客人都是日本人。為了更快拉近和客人的距離，我學了一些簡單的日語，會寫、會念，但多半都不懂意思。

不過，因為從小就有歌星夢，就愛唱歌，國中畢業後還想讀青年高中的影視科，但是媽媽沒有錢供我繼續升學，我才改變志願，要當被管訓的女流氓。

所以上班要唱歌這件事難不倒我，很快的時間內，我便學會將近六十首的東洋歌曲，大部分是以鄧麗君的歌為主，像是《愛人》、《償還》、《輕津海峽東景色》等。大概是長相甜美可愛，又年輕活潑，身為酒吧新鮮人的我，受到不少客人的青睞，卻也因此引起其他小姐許多的不滿及忌妒。

在Piano Bar裡，有個叫小白的女生，我跟她的感情特別好。小白常提到她有親戚住在日本的靜岡縣。小白的日文程度相當不錯，嚮往有天能飛去日本投靠親戚。有一回，她對我說：「娃娃（我的小名），我要去日本工作了，是做餐飲服務生，妳要不要跟我一起去？」我瞪大眼睛點，猛點頭說：「好！我跟妳去日本。」

於是，小白幫我跟旅行社聯絡，辦妥了護照，也買好了來回機票，我記的沒錯的話，應該是亞細亞航空。雀躍的心情如在雨中飛舞，我開始編織起去日本後能有機會一圓明星夢，就像旅日歌手翁倩玉一樣……。

趁著休假，趕緊回烏日向母親稟告此事，母親原本一口答應，後來，她聽說到日本不是去賣淫，就是被當作廉價勞工，母親因此嚇壞了，回頭阻止我去日本發展。

為了此事，好長一段時間我對母親百般不諒解。隨著小白搭機離開，我的旅日明星夢也像童話故事《人魚公主》中的泡泡般，瞬間破滅。至於小白到日本後的境遇，也不得而知。

在聲色場所工作了一段時間，慢慢懂得打扮自己。每天胭脂紅粉、紅飛翠舞，活像一棵聖誕樹！

流連在臺中市的各大舞廳及酒店，像花蝴蝶般這裡上幾天班，然後到那裡上幾天班，盤桓在新鮮感中。自未滿十八歲到二十八歲，十年間玩遍臺中各家舞廳。從最早期的美麗宮、羅浮宮、銀座城、東方之珠、白雪、小夜曲、金錢豹公益店等，最後一站是東南亞大舞廳，樂此不疲，中間還有四年的時間擔任演藝駐唱歌手。

我的「可塑性」很高。在八大行業適應得很好，
不僅開始化妝、打扮，抽菸、喝酒也來者不拒。

十八歲結第一次婚，一年半後離婚收場

十八歲那年，正是青春亮麗時。我有著白皙的皮膚、精緻的五官和窈窕的身材，吸引到不少來酒店消費的男人，當時最高紀錄是同時有十四個男人在追求我。

記得有一回，一名客人叫住我，要我把手伸出來給他看，他仔細端詳了一會兒，表情肅然，不似開玩笑地對我說：「妳這一生當中會結三次婚、離三次婚，有五個孩子，但最後是孤獨到老。」當下，我並不在意他的話，只覺得可笑。

儘管追我的人一拖拉庫，但我選擇交往的對象，卻讓好友們跌破眼鏡。他長得不怎麼樣，看起來很「古意」，以致跟他墜入情網只有短短八個月，我就在十八歲奉子成婚了。

果然，童話故事中寫的「白馬王子與白雪公主從此過著幸福快樂的日子……」，根本就是「騙肖ㄟ」。

結婚後，我挺著大肚子繼續在酒店當DJ。小孩出生後，由我和婆婆輪流照顧，丈夫經常不在家，原本以為他是去工作，後來才知道他根本好賭成性，把我賺的奶粉錢也拿去賭光光了。最後一次，他整個星期沒有回家，我便拎著行李、抱著小孩回娘家。

等到丈夫出現時，兩人就去辦離婚。可我被迫選擇放棄不到一歲的稚子，離開了那個家。因為兒子是長孫，婆婆不但阻止我去探望小孩，毫無積蓄的我，更不可能爭取監護權。我心如刀割卻無能為力，生活頓時失去重心。

第一次吸毒，就墜入毒癮世界

茫茫人海該往哪裡去？我只好每天到酒店上班時，喝得爛醉如泥、藉酒消愁。沒人找我乾杯時，我就自己倒酒跟自己乾杯，有人陪我時就拚命追酒，非喝到爛醉不可。唯有沉醉在酒精裡，我才能忘記現實的不愉快。

酒店裡的好姐妹看我天天都這樣「借酒澆愁，愁更愁」，根本不是辦法，於是，在某天便邀請我下班後去她的住處坐坐，還聽我大吐苦水、抒發心情。果然，和她聊一聊後，心情輕鬆許多。後來，她拿出安非他命給我吸食。

平常在酒店就知道，有客人和其他小姐會吸安非他命，但我們都覺得那不過就是用來提神的一種方法罷了，並不知道那就是毒品，更不知道上癮之後如此可怕。

當時，安非他命還未被列為禁藥，不過，已經在臺灣相當猖獗了。那個晚上，第一次嘗試了安非他命之後，安非他命就跟著我超過十年，甩也甩不掉。

老實說，吸食安非他命的當下，確實讓我開始覺得人生又有了希望與抱負，整個人就好像充滿能量的無敵鐵金剛——無所不能，精神異常高亢和興奮，很強烈地要完成想做的事，不過一旦藥效退了，就被打回原形。

慧珠的人生啟示錄

吸食安非他命會使人精神過度亢奮，可以七天七夜不睡覺，而傷害腦部。有的人會產生幻聽幻覺，甚至造成精神分裂症。為了一時的提神，付出的代價卻是不可逆的傷害。

走唱的人生，走味的酒杯

有一場在廟會的秀，觀眾超過千人，是我作秀有史以來最多觀眾的一次。第一次唱那卡西，喝醉酒的客人點歌，我卻不會唱那首，差點被「冰桌」！剛出獄的黑社會大哥帶一票小弟天天來聽我唱歌，結帳至少是四萬元起跳……

吸安之後，我覺得人生充滿了理想和抱負（當然那是短暫的假象），於是我找了經紀人蕭姓夫妻接洽，開始接受歌唱技巧和舞蹈訓練，想一圓歌星夢。這也是我好勝的地方。

從酒店小姐變身秀場玉女歌手

半年後我離開酒店，以「佳曼麗」的藝名四處作秀，跑婚宴、廟會、工地秀、酒家那卡西、夜總會駐唱。經紀人把我塑造成玉女形象，不開黃腔、不脫衣，以外號「日本姑娘」演唱東洋歌曲。

當時，秀場表演很盛行，現場有樂隊搭配演出。如果我正好在村莊附近作秀，母親就會帶著一票親戚、朋友一起來觀看。大弟當時正好在開計程車，他會載著我去趕場作秀，所以，我賺來的錢就會跟大弟對分。

記得曾有一場秀是在廟會，現場觀眾超過一千人以上，是我作秀有史以來最多觀眾的一次，人山人海，盛況空前，主持人是當紅炸子雞高群。高群在臺上訪問我：「哪來的姑娘啊？」我回答：「烏日」他說：「烏日竟然有這麼漂亮的女孩子！」他的話，給了我很大的鼓勵。

在轉型成為秀場歌手的四年期間，事業一直很順遂，我也逐漸忘卻前段婚姻的傷痛。直到朋友介紹我到一家新開幕的那卡西駐唱，沒想到才第一個晚上，就發生讓我難堪的事。我的自信心受到重創，療傷好久才又繼續出來唱歌。

那是我第一次在那卡西演唱，彈電子琴的老師跟客人介紹說：「今晚阮有一位新來的歌手，大家可以點唱歌曲。」

我抬頭卻只看到一個個喝得醉醺醺的客人們，其中有個老頭站起來還東倒西歪地說：「新來ㄟ歌手喔！安ㄋㄟ我點尚新ㄟ歌，林強唱ㄟ《向前行》。」

我傻眼了，這歌我根本不知道，就趕緊跟彈琴的老師說：「這首歌我連聽都沒聽過，可以請客人換點別首歌曲嗎？」

電子琴老師用麥克風說：「兄哥點別首歌曲好否？這首歌太新了，新來ㄟ歌手不會唱呀。」

沒想到這一解釋，激怒了酒醉的客人，客人氣憤地說：「啥，新來的歌手不會唱新歌，叫恁經理出來呷我講，嘸我要『冰桌』（按：掀桌）。」

我心想，為了一首歌就要「冰桌」，也太沒水準了吧！後來經理出來安撫，免費招待幾樣小菜，客人才罷休。我就那麼一次經驗，之後便拒絕再跑那卡西這種場子了。

當年，我叔叔是某家唱片公司的董事，他肯定我的歌唱實力，想幫我發行卡拉OK錄影帶，卻因為版權問題鬧得沸沸揚揚，而且發行一捲錄影帶得花好幾百萬，最後不了了之。

不過叔叔還是很看好我，有一次，臺視《五燈獎》（當年最紅的電視歌唱節目）在臺中光復國小舉辦試演會，叔叔知道這個消息還特地到我家，一直鼓勵我參加試演會，叔叔知道我的內心天人交戰，遲遲不敢答應，全是因為自信心不足。是的，我光想到我只是每天拿著麥克風到處駐唱、混口飯吃的歌手，要是報名參加後沒上榜，豈不是丟臉死了！

叔叔一直沒放棄遊說我，「盧」到最後報名截止時間，我才坐上他的車前往會場參加比賽。沒想到兩個月後，真的接到《五燈獎》製作單位來電通知「錄取了」，可以上臺北去臺視電視臺上節目唱現場參加比賽了。膽怯懦弱又愛面子的我，最終還是辜負叔叔的好意，放棄參加了。

我繼續我的夜店走唱人生。直到某一天在臺中的凱迪拉克花園式夜總會駐唱時，一位剛從監獄回來沒多久的瀟灑多情黑社會大哥，帶了一票小弟來聽我唱一小時，一個晚上結帳至少四萬元起跳，還不包括小費。

從此之後的一個月，他幾乎天天都來獻殷勤。短短不到兩個月的時間，我的心我的人就跟著他走了。這也讓我一步步走向無法自拔的毒癮世界。

我在黑社會的荒誕歲月

跟黑社會大哥在一起，自告奮勇背上我人生的第一條罪名：賭博罪。跟進跟出的我，種種惡習自然沾染。不說話時，看來還頗有氣質，一旦開口，滿嘴三字經、五字經，道上兄弟都招架不住我的毒舌！

我原本就是一個愛挑釁又叛逆的女孩，跟走唱時塑造的玉女形象完全天差地遠。混黑社會的男友的「意氣風發」，有種說不上來的獨特魅力與風采，他的眉宇和眼神銳利得像把刀，與他說話的人總是畢恭畢敬。

他身上的兩處槍孔，證明他不是一般不知好歹的小毛頭，是實際有跟其他不同路的黑社會份子槍戰過的大哥大，是「正港ㄟ英雄」。不過，黑幫電影中老大帶著墨鏡、走路有風的場景，幾乎沒有出現在我們的生活裡。

當上大哥的女人

跟黑社會大哥同居的日子，可不是電影演的那樣神氣活現，而是膽顫心驚。因為男友他們的惡勢力範圍很廣，加上他的大哥是「大哥大」，處理事情不是用拳頭，就是用刀、用槍解決，天天都在打仗，天天都戴著凶狠的面具上戰場，動不動「拚輸贏」，叫人「含槍管」，不太講道理。

同居的七年時間，看多了血腥事件，耳濡目染下也學會用暴力、恐嚇的方式來處理事情，無一例外。所有的金錢來源幾乎都是不正當的管道，就連我們不到十坪大的住處，各種刀械、毒品、賭具、違禁品等應有盡有，還藏了三把槍。

男友不再讓我外出唱歌賺錢，於是斥資二四〇萬在臺中太平開了間兩層樓的賭博電玩店（當然這些資金仍是不義之財），由我負責打理店面大小事。

當時，賭博電玩很猖狂，營業短短半年時間，就被檢舉了兩次。因為男友曾經犯下擄人勒索案，還處於假釋期間，被愛沖昏頭的我，為了他，赴湯蹈火都在所不惜，便自告奮勇替他頂罪，背上人生的第一條罪名：賭博罪。這輩子第一次被關進拘留所及地方法院地檢署看守所。

「妳年紀輕輕，怎麼有錢開設這麼龐大的賭博電玩店？」在法院偵訊時，檢察官的眼神很銳利，似乎可以看穿我心裡想的事。「我家有錢啊！」他一聽我這樣說，便命令以「十五萬交保」。等到男友籌錢來，我才知道我是最後一個被交保出來的現行犯。

縱使當年政府掃黑掃黃掃賭博電玩，風聲鶴唳，我們也只是暫時避避風頭，低調收場，收掉了臺中太平的電玩店，搬到漢口路租套房。但很快地就重新開始，這次換成了賭場。

二度沾染毒品，人生更黑白

男友很喜歡帶我出門。在黑社會混的兄弟都這樣，身邊的女人越漂亮、身材越好，帶出門就越有面子。再加上我歌唱得不錯，每次跟其他大哥級的人物出去唱歌，小費就一疊一疊地送上臺，唱幾首歌就有四、五萬元的獎賞。

開賭場是黑道最厲害的本事，也是主要的收入來源。這當然不可能是正派經營的事業，常見恐嚇、勒索、槍枝買賣、毒品交易。而我們流連的場所不外乎是保齡球館、釣蝦場、舞廳、酒店、卡拉OK、KTV或賭博電玩店。

這段時間，其實安非他命並沒有離開過我，而男友壓根不知道我有吸毒。有一天，他恍神地回到住處，手上點了香菸，香菸上面抹有一點點水，讓香菸微溼後再抽。

「這是什麼？」我好奇的問。

「妳不要問那麼多。」說著說著就睡著了，剩下沒抽完的菸放在床頭櫃上。

他越不想讓我知道，我就越好奇，便趁他熟睡時偷抽了一口。這一口真的不得了。我立刻吐得唏哩嘩啦，吐完後，全身輕飄飄的，不知不覺中就睡著了。

後來，我問男友的朋友：「他每天帶著一根溼溼的香煙回家，那個是什麼？」友人一派輕鬆地回答：「那是四號。」四號就是一級毒品「海洛因」。

此後，我便每天趁他神智恍惚時偷吸一口，每天吸一口，一星期吸了七口，自然就上癮了。

毒癮上身的人總是自信地說：「這種東西，我要吸就吸，我不要吸就不吸。」有道是「講ㄟ驚死人，做ㄟ笑死人」，我們犯了最大的錯誤，就是自以為是。

這群道上兄弟夜夜笙歌，幾乎每個人身上都帶著槍上舞廳、酒店、卡拉OK，跟進跟出的我，種種惡習自然早已沾染。不說話時的我，看起來還頗有氣質，但一開口就破功，滿口三字經、五字經，就連男友這票兄弟都招架不住我的超級毒舌！

沒想到，在大哥身邊七年的這個陳慧珠，野蠻、任性、膽大包天、處處得罪人，菸、酒、檳榔、賭和毒樣樣都碰，這就是我的生活。我還是名副其實的老菸槍，菸不離手，一天至少抽四包菸，抽到夾菸的兩個指頭都被焦油燻成一片黑色。連睡覺時，菸都夾在指縫中，垂在床邊，好幾回棉被燒起來了，我卻一點事兒也沒有。

當時，我看起來又瘦又小，總是穿著合身的禮服，嘴裡叼著菸，右肩衣縫塞一包菸，左肩衣縫塞一包檳榔，騎著我阿爸的野狼一二五在街上晃。

有一回村莊裡的張老大，也就是我的國中同學，盲腸炎住院開刀，我特地去醫院探望他，因為傷口疼痛，他一直哇哇叫，我便偷偷拿摻有海洛因的香菸給他抽。

「你多吸幾口就不會痛了。」在他住院期間，我每天拿一根摻有高純度海洛因的香菸給他止痛，也害他因此沾染上毒癮，後來也關了好幾年。我真是禍害遺千年啊！

回想這些不堪的青春歲月，心中有著深深的罪惡感。

戒毒，永遠是明天的事

海洛因上癮後，我和家人八個月未曾連繫，跟黑社會男友終日泅泳毒海中。有一天，大弟竟然找上門，表情凝重地說：「媽媽快死了，要不要回家一趟，見她最後一面？」

「神明啊，我的女兒是生是死？怎會音訊全無？」母親焦急得四處求神問卜。海洛因上癮後，我和家人整整八個月沒有連繫，跟黑社會男友住在太平，終日泅泳毒海。有一天，大弟竟然找上門，開門看見大弟時，我相當恐慌、內心極度忐忑不安。大弟表情凝重地說：「媽媽快死了，要不要回家見她最後一面？」

我坐上大弟的車，手不停發抖，眼淚直流。

「逆女」終於回到烏日老家，遠遠看見母親正在空地燒金紙，好得很，哪有快死了？靠！我被大弟騙回家，他演得太逼真了。媽媽看見我回家，開心得不得了，沒有責罵我，讓我鬆了一口氣，也慶幸母親沒事，只是當時毒品的重要性勝過母親，回家過夜一個晚上，隔天我又回到我的毒海人生。

真實上演的警匪追逐戰

跟黑社會男友同居的日子真的是轟轟烈烈。就在一次剛回到租屋處沒多久，突然傳來急促的敲門聲，隱約還聽到無線電的聲音，當下即知大事不妙！

一開門，約十幾個便衣刑警排排站，其中一人拿著搜索令，說有人檢舉我的住處藏有槍枝。男友不在家，我一個人應付這種場面。我一派輕鬆地點燃一根菸，輕鬆冷靜的面對，任憑他們將不到十坪大的套房搜得亂七八糟，連天花板都打開、用手電筒照，每個角落都不放過，現場像被轟炸過一樣，結果一把槍都沒搜到。

明明住處藏著三把槍，我卻要在這些刑警面前裝作若無其事，而槍藏在沒有人想得到的地方。他們無功而返，撤退了。此時，才驚覺我竟然被訓練到如此「處變不驚」的地步，也因著我的鎮靜讓警察們看不出任何破綻。若我有一絲驚慌，恐遭逼供，我暗自竊喜，幸運地閃過持有槍砲的牢獄之災。

還有一回，與男友去別家賭博電玩店賭到清晨，回住處的路上搶快，攔腰撞上一輛車，雙方因而下車理論。我們立馬打電話要朋友來載，對方也叫了人馬過來，這時候雙方口氣都不好。對方的朋友叫我們拿出身分證來，「憑什麼叫我們拿身分證，你是什麼東西！」幾乎快要打起來了。我拉住男友，要他別衝動。

就在一陣混亂中，我摸到對方腰間插著槍，於是我偷偷告訴男友。還好來載我們的朋友，身上也帶著槍，準備好要「輸贏」。此時，對方的朋友表態，自稱是便衣刑警。一察覺不對勁，我們便火速坐上朋友的車，發動引擎，但是這一位刑警就在我們面前，蹲著馬步，舉著槍，對準我們，叫我們下車。

我們會下車才有鬼，這種時候，只有拚了！刑警包圍著我們，朋友大喊「彎下腰」，說時遲，那時快，油門一踩，就是一個髮夾式大迴轉，差點撞上分隔島。

仿如電影中的警匪追逐戰，一路逃命似的狂奔在臺中市街頭，我們繃緊全身上下的每一條神經。便衣警察則猛追在後，車子鑽進了菜市場，也顧不得菜市場裡有多少人，人們紛紛閃避，有的人跌倒了，有些菜攤翻掉了，但我們只能油門催到底，死命竄逃。

幾乎繞了快半個臺中市，還好友人熟悉臺中市的小路，終於成功甩掉警察。車子停下來時，我全身盜汗，我們三個人臉色一陣鐵青、一陣蒼白，警匪追逐戰實在有夠刺激，不過，一次就好了，絕對不要再有下一次了！

媽媽的眼淚也無動於衷

我從十八九歲開始吸毒，安非他命一直沒有戒斷過，踏入黑社會再多吸一級毒品海洛因、大麻等，只要可以拿得到的毒品，我都來者不拒，可說是樂此不疲，死了都要吸。

吸毒到最後，所有值錢的東西都拿去典當來換海洛因。本來是用吸菸的方式吸毒，後來改用 0.5c.c. 的注射針筒扎自己的血管，甚至到最後連槍都拿去換毒品。

「這東西我要吸就吸，我不要吸就不吸。」這票兄弟嘴巴說得那樣豪邁，卻一個個都被海洛因給綁架了。原本我欣賞「七桃郎」的義氣風發，怎麼這麼快就變調了？男友不再像我心目中的那種七桃郎，反倒成了過街老鼠，狼狽不堪。這票兄弟死ㄟ死，逃ㄟ逃，沒死ㄟ攏走去監獄七桃。吸毒者的末路是搶劫來買毒品。

有一回沒錢買海洛因了，我們便和泰國毒梟聯絡，要偷度去泰國把海洛因磚帶回來。為了毒，死都不怕。後來泰國那邊的毒梟在我們出發前被抓了，所以沒有偷度成功。若泰國那邊晚一天出事，或運送過程被捕，大概就是死路一條。慶幸逃過這場死劫。

其實，男友跟我都好想戒掉，可是毒癮一發作沒人受得了，拿著刀就車子開出去，好像發瘋一樣，四處搶劫，最多曾一次搶了幾十萬現金。每次要出門行搶，我們都有最壞的打算——這一趟出去，就不回來了。連死都不怕，做出來的事是很恐怖的。

戒斷時會瘋狂到想砍人，而且各種戒毒方式都試了，卻屢戰屢敗，人生毫無希望可言。大麻、FM2、白藥、強力膠、安非他命、海洛因等，凡是可以到手的，我全部接受。旁邊的朋友一個個因毒而死去，但我沒有因此害怕。我的世界只剩毒品跟錢。

有一回，我們沒有毒品了，毒癮來時，痛苦到快死了，忍不住打了通電話給母親。電話中，我坦承自己吸毒，求媽媽救我。媽媽坐著計程車，來到我的住處，眼淚直流，她將我帶到一間專門戒毒的私人診所。住戒毒診所的費用不便宜，需要十幾萬。媽媽沒有那麼多錢，為了幫我戒毒，只好去標會。

在戒毒診所住了近十天後，媽媽帶我回烏日老家，把我關在田中央的房子裡。當時，我已經瘦得不成人形，三十八公斤的紙片人，儼然是個活死人，兩眼凹陷，膚色蠟黃，全身上下都是皮包骨，胸部也不見了，走起路來搖搖晃晃，風一吹還站不太住。

那時，二伯還在世，他總是對我說：「你出門兩隻腳攏要綁兩粒大石頭，不然會被風吹走去！」二伯已離世，這句話是我唯一對二伯的紀念。

母親為了我這個不孝女四處求神問卜，只要聽說哪邊靈驗，就往哪邊拜，無論彰化四面佛、九華山取聖水、給濟公當徒弟等，都不錯過，但我總是丟盡她的臉。

母親愛問神明有關我的事，有一回濟公起駕對母親說：「妳女兒很有男子氣概，她是一匹栓不住的野馬。」我當場回說：「師父，今晚祢有閒否？」濟公說：「要衝啥？」

「我要招祢去約會啦！」濟公馬上用手上的羽毛扇敲我的頭說：「黑白來！」我只覺得好玩。大家對濟公恭恭敬敬，我呢？什麼天上神明根本不放在眼裡，只有毒品最大！

母親在一旁羞愧得頭抬不起來。毒品早已在我內心深處扎根，像魔鬼死纏著我不放，牠的魔爪扣住全臉，牠的指甲又長又尖銳，狠狠戳進我的臉，任憑血流不止，魔鬼絕不會放過我。毒蟲的眼睛在魔鬼的掌心，只能乖乖被拖著走，任由擺布。

母親帶我回家後，強硬地要將我與黑社會男友分開，但我還是暗中與他往來，經常趁母親不注意偷溜出去，跟他一起吸毒。母親用盡心力要把我從魔鬼的掌心救出來，可我已深陷深淵，無法自拔。我的心就像被魔鬼腐蝕，心盲，目也盲，看不見，也感受不到母親為我的傷悲。

母親前後送我去戒毒兩次，花了三十幾萬元。其實，我戒掉的只是身體的毒癮，但心裡的毒癮，卻戒不掉。

住在家裡，沒有海洛因、安非他命，我就到書局去買強力膠回來吸。強力膠的味道超臭，但我卻墮落到非吸不可的地步。吸膠之後，昏昏沉沉躺在地上，母親很生氣地用腳踹我，我都沒感覺，還睜眼說瞎話，否認吸強力膠。只是強力膠的味道那麼濃，任誰都聞得到。毒鉤沒有拔除，母親再努力也是徒勞無功。

我曾很殘忍地對母親吼叫，大言不慚的說：「只要我身軀有錢，一世人我攏麥呷海洛因。」母親聲淚俱下、揪心地說：「妳這個查某囡仔……，去了了啊……！」

老實說，我不清楚黑社會男友是不是真的愛我。他們任何事情都用武力解決，我也會打男人，睡覺時經常把西瓜刀放在枕頭下，刀和毒不離身。分手前的那個過年，我們已經窮途末路，他把身上最後的五千元給我。

「拿去買衣服吧！」男友說。這是愛嗎？我不懂。毒品讓我變成十足的無慚無愧，而今流再多眼淚，也償還不了母親的愛！

再婚，竟成「亡命天涯毒鴛鴦」

我被母親關在田中央時，因為玩無線電認識了第二任先生。我們在空中相識，他說要來看我，我給了他地址，沒想到他真的跑到家裡作客，還規勸我「吸毒不好、不要再吸毒了」。

有次，我將FM2磨成粉，直接從腳踝注射，結果腳踝整個腫起來，無法走路，他看見我走路一跛一跛，便帶我去醫院掛急診，處理掉腳踝的大膿包，我當下莫名的感動。

一路吸毒，從來沒有朋友阻止我。第一次見面，我竟然當著他的面，把身上剩下的毒品及針筒全都丟到水溝裡。我心想，這個男人真好，會叫我不要吸毒。於是，為了他，我有好一陣子沒有再施打海洛因，也不再跟黑社會的男友聯繫了。認識短短不到一個月，我嫁給他了。

跟他結婚那天很風光，請了一百多桌。公公婆婆非常寵溺我的第二任老公，也對我很好，我以為「幸福來了」。但說穿了我連他的家世背景都不清楚，就草率嫁了。

第二次結婚以為幸福真的來了，笑的既甜美又滿足。殊不知只是往更深的毒海裡沉淪。

婚後，公公買了一輛全新的房車給我們，又買了一輛全新三十五噸的砂石車給老公工作用，兩輛車都是付現金，無任何貸款，還給我們一間透天厝。我的母親給了我二十多萬當嫁妝，還有四五十萬的黃金。

有了錢，就想搞怪，我的心正蠢蠢欲動……。於是，我聯絡了毒販，又開始吸食安非他命，老公也跟著我「撩落去」，夫妻倆不工作，一起吸毒，吸到懷孕了都不知道，繼續吸……，然後，我生下一個兒子。

即使當了父母，我跟老公仍然無法抵抗毒品的誘惑。最可憐的是兒子，他只能跟著我們夫妻，一起窩在毒品的世界裡。原本是可以過著不愁吃穿、「幸福來了」的小康生活，結果我們這對毒鴛鴦，把所有的家當全拿去買毒了。

於是，車子沒了，房子沒了，現金沒了，黃金沒了，什麼都沒了。我的人生，再一次走到窮途末路，我與第二任先生就像亡命之徒一般，一邊販賣毒品，一邊吸毒。

為了躲警察，我們一家三口搬到市區，租了一間小套房。為了可以不出門（怕被警察抓），就預先買了一大堆玩具，還另外租下隔壁的套房，當兒子的遊戲區。可憐的兒子整天被關在套房裡，在密閉的空間吸食二手毒品。

我對自己的人生感到失望透頂，深知自己和老公已經無法像一般人一樣，過著正常的家庭生活，只覺得活著好痛苦、好痛苦。之前用 0.5c.c. 的針筒施打海洛因已經不管用了，改用更粗的 3c.c. 及 5c.c. 的針筒扎鼠蹊部。

可能因為真的太痛苦了，只好用吸毒來逃避現實，讓自己處在沒有壓力的狀態，讓自己飄飄欲仙，變得麻木不仁。若毒癮犯了卻不施打毒品，會摔會撞，還會眼淚和鼻涕流個不停，忽冷忽熱，不斷嘔吐，全身如萬蟻噬骨，痛苦難當。毒蟲的末路，恐怕就只有施打過量而致死一途吧。

廁所是我的天堂，馬桶是我最舒適的椅子，冰涼的地磚是我最好睡的床。以下是天天在我生活中上演的戲碼。我固定蹲坐在馬桶，施打一天比一天加重劑量的海洛因，一針下去，立刻暈倒。頭的右邊因為經常撞到洗手臺（而且都是撞到同個地方），以致有個永遠有傷口，直到現在已經戒毒成功十七年，頭的右上方仍然有一處長不出頭髮。

等到我清醒過來，往往以為自己已經死了，結果卻還是活著。頭上流著血，鼠蹊部的針筒也還插著，當我把針抽起來時，針從直的變成L形。其實，每次施打海洛因時，我都刻意加重劑量，我一心只想死的我，卻死也死不了！

某日，我帶著兒子爬到租屋處的二十二樓，想要跳樓自殺，一了百了，正當眼睛往下看時，冷汗冒個不停，站都站不太穩，我終於知道什麼是懼——高——症。還沒跳，腿都軟了。算了，還是選擇好死一點的方式吧！

我一次次加重海洛因的劑量，一天至少要花個五千至一萬元買海洛因，若不是邊販賣邊吸毒，哪來這麼多錢。我活得像行屍走肉，在毒海中苟延殘喘，出賣靈魂、出賣身體、出賣人格、出賣自尊，我完全不在乎。每天眼睛一張開就是要錢、要毒品，我可以不要愛情、不要親情、不要友情，就是不能沒有毒品。

每當我帶著大量毒品回烏日娘家，同樣吸毒的毒友都說：「毒王回來了！」母親看見我，就拿掃把要將我轟出去，大罵：「妳這個垃圾，不要給我回來，妳比垃圾桶裡面的垃圾還不如，妳讓我在村莊裡丟臉死了！」

為了買毒品，我一而再、再而三地騙母親的錢，連她準備住院用的醫藥費，都被我騙光光。母親傷心透頂，不管她如何罵，我根本一點感覺都沒有。

母親逼不得已，只好說了重話：「妳再吸毒，我就死給妳看！」母親實在高估了自己，她……勝不過毒品。我不能沒毒品，為了毒，什麼事我都幹得出來。我已經到了六親不認、鐵石心腸，連畜牲都不如的地步，更不知道什麼是哭泣。

印象裡，有一次我跟一個身高一百七十六公分的男孩子幹架，他整整高出我一個頭，而我才一百五十五公分，明知道這場架穩輸不贏，還是照樣互毆，即便被打得鼻青臉腫，趴在地上站都站不起來，我仍然一滴眼淚也沒有掉。

後來，在獄中認識的藥頭阿姐說：「慧珠，妳一點女人家的樣子都沒有。」是呀，吸毒吸了十一年，也戒了十一年，戒都戒不掉，心裡只有「毒品」，哪還顧得上外貌、體態和談吐啊！

我和第二任老公的婚姻，真正在一起的時光，也只維持了短短兩年。好好的家庭毀在自己手中，怨不得別人。吸了毒後，夫妻經常吵架、打架，從來沒有過一天和樂的生活。

有一回，我出門拿毒品時，被便衣警察逮個正著。擔心嚇到兒子，我一直哀求他，千萬不要進去家裡搜。後來，我直接被警車載到第一分局，刑警列出老公的前科。我的媽呀，兩頁滿滿的犯罪紀錄，頓時，我傻眼了。

一直以來，我完全不知道他前科累累，而且清一色都是跟毒品有關係，那為什麼當初他還勸我「不要再吸毒了」呢？我也不知道。不過，憑著這一點，我相信他恐怕也是想甩掉毒品這可怕的東西，他的本性應該是善良的。

我的公公、婆婆對我真的很好，我卻不知珍惜、感恩。回想婆婆每次去菜市場一定會買衣褲給我，我卻嫌她買的樣式老氣，全掛在衣櫥裡，不曾穿過。只要我和老公想吃什麼水果，婆婆不會只是買幾顆回來，都是整箱整籃的買給我們吃。

一直到我醒悟過來，公公婆婆早就已經不在人世了。我很懊悔，自己從來未盡到為人媳婦的本分，也不會撒嬌，如果時間能夠倒轉，我多想挽著婆婆的手，陪她上市場。幫公公按摩肩頸，紓緩他的工作壓力。可是，現在只剩遺憾和自責了。

吸了十一年的毒，算一算二千萬元跑不掉，這些錢全都不是正當獲取的。搶劫也好，開賭場也好，擺明吃定他人也好，總之沒有一文錢是乾淨的。當了十一年毒蟲，一九九九年，我三十歲時，以煙毒犯的罪名，第一次到監獄去進修（勒戒）。

海洛因打的劑量那麼重，進到牢裡，當然捽得更慘烈。關在隔離房時，任憑我怎麼捽、怎麼吐，都沒人關注。監方主管怕我捽死，派了一位同學照顧我，這次入獄結識了為擋我水管的阿姐，從此阿姐對我就像親姐妹般。

在獄中被隔離了一段時間，我的毒癮被抑制住，身體逐漸恢復體力，就被派到工場工作。有一次教化的時段，充滿愛心的許淑琴老師教我們唱詩歌。我生平第一次聽到詩歌，看著詩歌本跟著清唱〈主如明亮晨星〉，眼淚竟像水龍頭打開一般，不斷地湧出。我已經十多年不曾和淚水相遇了。

「為什麼這詩歌這麼好聽？為什麼我從來沒聽過？為什麼這首歌句句歌詞都帶來平安的感覺？為什麼詩歌如此催淚，讓每個同學忍不住哭泣？為什麼唱詩歌時，我的心好溫暖？」我邊跟著老師唱，心底邊浮現一連串的問題。

看著許老師也是邊唱詩歌邊流淚，或許她心裡也不捨我們這群女生關在這鳥籠裡吧。回到舍房，我告訴自己，那只是純粹聽詩歌感動而哭泣，沒什麼！

剛入監時待在新收房中，主管廖老師有如冰山美人，從不見她的笑容，總是用凶狠的眼神看著我們這群吸毒犯，口氣嚴厲地對著我們下命令。

被關在監獄，過門要報數；早上起床要報數、要有一段靜坐時間。身體不適看醫生要上呈報告、說明病情；要打開舍房大門時，大家都得蹲下（防逃脫之虞）；講話不能太大聲；沒有鏡子可以照、廁所沒有門，蹲下來上廁所還要讓主管看得到頭，擔心作怪。一旦有人上大號，舍房就會臭氣薰天，因此大家學會邊上邊沖水，以免飄出臭味，被眾人幹譙。或許是這個原因，舍房內的蹲式馬桶，都被我們用牙膏牙刷小心翼翼地刷到啵兒亮！

每間舍房都有一個約A4紙大小的窗口，讓關在房裡的同學可以把垃圾丟出去；吃飯時間則用那窗口遞給窗外雜役空塑膠臉盆，等裝好食物後，再從窗口遞進來。吃的，丟的，都靠同個小窗口。

小小的舍房可以擠二十五個犯人，當然新進來的一定是睡在廁所旁邊，這是規矩。廁所旁邊是最潮溼的地方，關越久的人離廁所越遠，但再遠也都是擠在一間熱得要命的舍房裡。

在那個年代，縱使天氣再酷熱，電風扇仍會在半夜兩點準時關掉，洗澡也只有冷水，沒有熱水，除非有身體不適的狀況，如有心血管疾病，需經同意，才有熱水可洗。

在新收房每天都要用稿紙寫日誌報告，寫完塞在鐵窗上，廖老師會收去批閱。想到她從未展現過笑容，我開始每天寫笑話給她看，寫了些時日，終於看她笑了。

我對主管廖老師有一種說不上來的好感。而廖老師同樣對我的期望也很深。有一天，在新收房吃統一脆麵，看著包裝後面有小熊維尼、跳跳虎和小豬的卡通圖案，不知怎麼的，突然很想畫畫。我便順手拿起原子筆，還有我的三槍牌白色內衣（那是男人穿的），蹲在地上畫了起來。同房的同學們全都蹲著圍成一圈，看著我拿原子筆在畫衣服。

廖老師見我們全都圍在一起，嚴厲地詢問：「妳們在幹什麼？」我第一時間的反應是馬上把東西藏在背後，不自覺地冒汗，背後的雙手，一手握著原子筆，一手抓著衣服。廖老師用凶狠的眼神一瞪，大聲喊：「拿出來！」

我像個做錯事的小孩，慢慢地走到鐵窗前，將藏在背後的內衣，慢動作般遞給廖老師。廖老師很快地接過手、將衣服攤開。當她看到即將完成的小熊維尼、跳跳虎，還有小豬的手繪圖案，臉色突然柔和了起來，廖老師笑了！

服刑期間，我總共畫超過一百件的內衣，有的是同學出監要帶回去做紀念，有的是平時在舍房穿。印象最深刻的，是幫阿姐畫的衣服，我對阿姐說：「姐，我幫妳畫有含義的衣服。」於是，我在白色內衣的左胸畫了一個很可愛的時鐘，在背面畫夏威夷的風景，「姐，頭前ㄟ時鐘表示妳ㄟ准咧（假釋會獲准）！背後夏威夷的風景，表示妳有背景！」阿姐聽了好高興。

整個工場因為我而畫畫風盛行，不過，聽說在我出監後沒多久，畫畫風就被禁止了。

我曾大言不慚地對廖老師說：「老師妳放心，我出去絕對不會再進來了！」我想，她應該聽煩了煙毒犯講的這句話。寫到這裡，我不禁流下淚來。下了獄中的戒治工場（指被分派到工場工作），有一百多位受刑人全是因為毒品案進來的。

我在獄中因為表現良好，被主管選中當幹部（協助主管行政事務的幹部），負責顧水房。殊不知「顧水ㄟ」權力之大，在工場除了班長外，基本上就是顧水ㄟ在管全工場的人。對那些表現不佳的同學，我有權力處罰她當值日生。當幹部讓我找回自信，知道自己是有能力去管理和做事的人。

第一次關完要出監前，我跟同學們拍胸脯、掛保證：「我絕對不會再進來了！」

回家之後，我還特地前往警察局，去向抓我進來的那位巡佐（現已退休）當面道謝，說：「**謝謝您！如果當初你沒有抓我進去關，我就不會有重新來過的機會了。**」如今，這位巡佐也變成了我的保險客戶。

也許很少聽過被抓進牢房的煙毒犯，在出監後，還會回頭向警察致謝的。畢竟，在監獄裡最常聽到的通常是：「若是讓我活著走出去，那個警察就死定了啊！」當然，這都只是傻話或氣話，吸毒的人，要拿什麼跟警察鬥呢？

諾言變弱言，再度被抓進牢房

我不只在獄中信誓旦旦對主管、對同學們保證：「我不會再進來了！」回到老家也跟家人發誓：「絕對不可能再碰毒品。」還跟公公婆婆下跪道歉，請求兩老給我改過自新的機會。公公婆婆都是明理的人，願意支持我。

我下定決心要過全新的生活，於是買報紙看看徵人啟事，想找個合適的工作，沒想到連應徵工廠作業員，都必須高中畢業，光是這個門檻，我便喪失大半工作機會。

好不容易才在工業區的一家汽車零件公司找到一個站在機臺旁

操作機械的工作。前三個月算是表現良好，也寫信給獄中主管廖老師，報告自己的近況。但工作的第四個月起，我又天天跟老公激烈爭吵。婚姻出現挫折、生活遇到壓力，就是魔鬼伺機而動的時刻。毒品又再跟我招手了！

我顧不得曾經許下的諾言，什麼改過自新、重新做人，通通忘得一乾二淨，先打一劑海洛因、解解心中的鬱卒再說吧！於是，我連絡獄中認識的藥頭阿姐，開始了我們的毒品往來。阿姐很照顧我這個妹妹，總是把最純的留給我。好東西就要與好朋友分享，我們不覺得這是錯的。

我因為還有殘刑在，假釋期間理應每個月去法院向觀護人報到一次（煙毒犯必須做的是撒一泡尿，化驗是否還有繼續在吸毒），然而，毒品使我產生了「勇敢」的幻覺——我在現實中怯懦，卻在毒海中強大。我的心再度剛硬起來，不再乖乖地按時去報到了，因為驗尿等於自尋死路。

因為施打海洛因，白天時精神不濟，上班當然昏昏欲睡，工作的時候，站著就能睡著，頭還直接貼在機臺上。「喂！妳怎麼在睡覺？」我無言以對。

課長把我叫到辦公室問話：「妳是不是在使用違禁品？」雖然我打死否認，後來還是被資遣了，公司還在資遣資料上打上四個大字——永不錄用。真是丟臉丟到家。

「正常的」工作不好找，我只好重操舊業，再度回到酒店上班。不出半個月，我就因為沒去法院報到遭到通緝。記得被通緝的那天，凌晨四點多，我剛從酒店下班回家，一到家門口，機車才停好，老早就躲在巷口等我的管區，馬上衝了出來，命令我把身上的毒品、吸食器全部交出來。

我隨手拿著東西，就往管區的臉上丟，有什麼就丟什麼，他馬上嚇斥我說：「妳不要逼我掏槍喔！」就這樣，我再度進到監獄。那一年，我三十一歲。

新收房的主管依舊是廖老師，她看到我毒癮發作、臉色蒼白、痛苦難耐，不發一語，只用冷冷的眼神看著我，似乎在告訴我：「妳們這些吸毒犯講話跟放屁一樣！」我再度因戒斷症狀出現暈倒、嘔吐、忽冷忽熱、全身萬蟻噬骨、眼淚鼻涕猛流……。

強忍著身上所有的痛楚，什麼都不敢再抱怨，就怕給廖老師帶來麻煩，而她再也不曾對我笑。下了工場，認識戒護科主管邱老師。邱老師良善溫和、身材高挑，對我很好，沒有把我當作犯人看待，讓我感動不已。

在工場，我同樣又是「顧水ㄟ」，負責工場每天需要執行完畢的所有工作。從一大早，到傍晚收封前，忙個不停，要操課、帶唱軍歌、練踏步、跳舞、做紙雕，甚至得幫同學剪頭髮，每個新進來的同學都一定要經過我的剪刀「咔喳」。除此之外，還要控制同學們洗澡的時間和用水量，全工場都是我的聲音，管大管小，一個口令，一個動作。

駐監的董月春牧師，每個星期都會來上一堂宗教教誨課，我還是不懂，為什麼每次唱詩歌，我都會不停地流眼淚？我以前是拿麥克風的職業走唱歌手，可是唱詩歌的感覺，怎麼就是跟我以前唱歌完全不一樣？我開始期待上董牧師的課。

那個時候，我還不認識耶穌，但是在上課時，總會感覺整個人甦醒過來，儘管每次都是流著眼淚，跟著唱詩歌，上完課之後，心

靈卻會出現前所未有的平安。

我必須說實話，吸毒十一年來，在獄中的這段生活，是我睡得最安穩的時候。在獄中，我不看報紙或八卦雜誌，只讀兩本書：《聖經》和《冰海歷劫七百天——「堅忍號」南極求生紀實》，這居然讓我的心一天天地安定下來，從前被毒品控制的雜亂思慮，逐漸沉澱。過去的我，一直很想跳脫極度不堪的自己，卻總是成為人人口中的「魯蛇」（loser，失敗者），屢戰屢敗，找不到生命的出口，也抓不到戒毒的力量。

第二次戒毒服刑，我不認識的耶穌竟如此愛我，為我擋住了魔鬼。在董牧師的帶領下，我告訴上帝：「我願意，我真的願意！我願意改變，我願意臣服，我願意讓主耶穌來調整我。」

是神的恩典嗎？當我這麼思考後的下一次上課，董牧師主動詢問大家：「各位同學，我們有一個受洗典禮，有感動要受洗的同學，請舉個手好嗎？」我毫不猶豫地馬上舉手，我知道上帝聽見我的心聲。可是收封回舍房時，我開始忐忑不安，睡不著覺。過去，婆婆要我拜三府王爺，我要是信了耶穌，回去怎麼交代？天啊，怎麼突然有了「選擇困難症」？

再過一個星期，董牧師在上課時，又問了一次：「受洗人數有沒有要再增加？要受洗的同學請再舉一次手，好嗎？」

我……我……，沒有舉手。收封回舍房的我，像是失了魂，開心不起來。那個晚上我如同煎魚般左翻右翻，就是睡不著。直到清晨六點左右，我做了重要的決定，「下次董牧師來，我一定要舉手。以前怎麼戒毒都戒不掉，這次就死馬當活馬醫吧！全世界的人都不要我，媽媽罵我是垃圾，自己對未來根本不敢多想，只能走一步算一步。不管三七二十一，我一定要救自己。」

希望我有「再舉手」的機會，希望董牧師能再問一次要受洗的名單。那是我當時極深的渴望。

又到了上教誨課的時間，董牧師問了第三次：「今天我們要確定人數了，有感動、有要受洗的同學，請舉手！」此刻，我義無反顧、勇敢地把手舉得很高很高。舉了手，淚在流，心中充滿了感動。我在二〇〇〇年十一月二十三日感恩節當天完成受洗，成為家族中的第一個基督徒。

受洗之後的第一個奇蹟是，「三字經」再也沒有從我的嘴裡說出來。起初，我並未覺察到這個改變，也不是故意裝氣質，是同學對我說：「我覺得妳怪怪的，可是說不上來哪裡怪！」原來，是我不再飆髒話。

第二個奇蹟是，我寫了一封信給母親，請她在我出監那天來載我回烏日老家，**我下定決心要重生，要過新生活**，還要跟老公離婚。因為老公來探監時，我察覺他還在吸食毒品，而**我毅然決然要離開跟毒品有關的環境。**

第三個奇蹟是，曾經菸酒不離手，吸毒吸到連命都不想要的陳慧珠，聞到菸味居然會感覺不舒服，不只頭暈，還會想吐。

首度成功拒絕魔鬼的試探

阿姐為了迎接我出監，從內衣掏出一包海洛因。「阿姐，我不要！」她再找出吸食安非他命的用具，「阿姐，這個我也不要。」最後她拿七星菸請我抽。「阿姐，這……我也不要！」

受洗成為基督徒後一個月，二〇〇〇年十二月二十三日出監那天，踏出監獄大門，我的步伐是沉重、淒涼與無助的。遠遠看見兩個人來接我，一個是母親，一個是老公，他們一人開著一輛車。我走向母親，母親說：「妳還沒跟人家離婚，要先回夫家。」

徹底改變人生，拿出說「不」的勇氣

回到夫家不到十分鐘，阿姐打電話來說：「慧珠，妳等一下來臺中找我。」突然間，極度不安的感覺，湧上心頭。

阿姐要我去臺中找她，肯定會像以前一樣，拿出最純的海洛因來招待我，慶祝我出監。「我該怎麼拒絕阿姐的好意呢？」當時，我還不太會禱告，只在心裡默默地求耶穌，幫助我說「該說的話」，也擁有向毒品說「不」的勇氣。

我帶著恐懼與不安的心，來到了阿姐的住處。阿姐歡迎我回來，接下來的劇情和我想的一模一樣，我一坐下，他就很自然地從內衣掏出一包海洛因，「這包是純ㄟ喔！來打一支！」我說：「阿姐，我不要！」

阿姐一聽，瞪大了眼睛：「無妳是關甲頭殼壞去喔？嘸來吃糖啊（安非他命）呀。」她馬上拿出吸食安非他命的用具。我說：「阿姐，這我也不要。」

她叼了根菸說：「這嘛不要，無妳吃菸，邊說她邊拿七星菸要請我抽。妳若嘸吃菸，就不親像阿珠。」

「阿姐，這……，我也不要！」我一連說了三個「不」，她著實嚇了好大一跳，手上那根菸丟得好遠好遠，說：「這是嘸可能ㄟ代誌！」阿姐硬塞了一根菸給我，為我點著。只是我一口都沒抽，直到香菸自行燃燒殆盡。

回家後，我的頭痛了一整晚，曾經的老菸槍，竟然厭惡起香菸的味道，菸味居然使我頭痛，這簡直是天方夜譚。向來號稱菸痴、檳榔狂的陳慧珠，那個菸不離手的，吸毒吸到連命都不要的陳慧珠，現在聞到菸味會想吐。

第二次從監獄回到家，我不只是心意堅定要徹底改變下半輩子的人生，更牢牢記住自己是個基督徒。然而，改變要如何著手，我還是感到茫然失措。

想起第一趟出監回家，跟公公婆婆下跪，希望他們給我重新來過的機會，結果不到四個月又回頭找毒品。脆弱如我，心中沒有把握是否能打贏這場反毒戰役。我連最基本的學經歷都沒有，樣樣不如人，該如何爬出毒品的泥淖呢？

我坐在夫家的客廳左思右想了一整天，到了夜晚我起身重回舊地，到酒店找經理，告訴他明天就會開始來上班。

「妳闕回來了喔？」經理說。

「你怎知道我進牢房？」我愣了一下問。

「是妳媽跟我說的。安妮（我在酒店用的名字），妳回來好好做，不要再吸毒了。」真是好事無人知，壞事傳千里啊！

正當我在心中埋怨母親為何要告訴別人我坐牢的事，有個穿著薄紗、準備上工的女子走過我眼前。我心中一怔，聽到一個微小的聲音（我的良知）：「慧珠，妳是上帝的光明子女，怎麼可以來酒店上班？」天啊，好羞愧啊！我頓時如坐針氈，馬上夾著尾巴逃離酒店，從此再也沒去過風月場所。

那段時間，雖然我刑期已滿，但分局還是要求我每半個月去驗一次尿，後來改為一個月驗一次，總共驗了兩年的尿。

每一次驗完尿，都要填寫一張單子，填完之後，還必須在印有「吸毒人口」的空格處簽上大名。其實，每一次我都忍不住抱怨，明明已經很久沒吸毒了，幹麻還要在「吸毒人口」那一欄簽上我的名字啊。不過，**每一次我也同時在提醒自己、督促自己，一定要讓「吸毒人口」這四個字，消失在我的人生之中。**

來的真不是時候的小女兒

酒店回不去了，沒有錢，也沒有工作，我該怎麼辦？問問上帝吧！我打了電話給董牧師，也跟許淑琴老師聯絡。第一次去的教會是臺中聖教會（賈國秀老師的教會）。

為了去教會，我精心打扮了好久好久，不只濃妝豔抹，還穿上貂皮大衣和超短的迷你裙（彎腰就會看到內褲的短），頭上編了兩根辮子，戴了一頂皮革帽，還拎了一個可愛的小包包，腳踩著的是八吋的恨天高，走起路來一扭一扭的，以為自己像明星，打算驚豔全場，其實更像阿花。

嬌小的牧師嬤站在外面招呼弟兄姐妹，踩著恨天高的我，可以直接看到牧師嬤的頭頂。她慈愛的握著我的手，瞪大眼睛，從腳底一路掃瞄到頭髮，再從頭髮掃瞄回腳底，終於硬是擠出一句話：「唉呦，妳哪ㄟ水甲按捺！」

進到教會做禮拜，我根本坐不住，更別提要專心了，因為左顧右盼，沒有人像我這樣打扮，每位弟兄姐妹都很樸素，我簡直是異類。這是怎麼一回事？丟臉死了。我已經沒有心思坐下來聽臺上的牧師在講什麼了，也顧不得會友跟我點頭示出善意，坐不到一小時，我就提早離開教會了。

回家後，那件超短迷你裙被我拿去當抹布，那雙恨天高再也沒穿過，濃妝豔抹的陳慧珠從此掰掰。

剛出監、正在尋求幫助的那段時間，我一天到晚往外面跑。老公不知道我已經徹底戒毒戒菸，而且下定決心遠離「魔鬼」，信主悔改，有一次他毒癮發作，又借題發揮，怪我總是不在家，口出穢言跟我大吵一架，他說：「乾脆婚離一離好了！」長久以來意見不合就惡言相向，這回我真的忍無可忍，於是火速收拾衣物，打算搬回娘家住。

我連一卡皮箱都沒有，隨手抓了「紅白塑膠袋」，塞滿兩袋衣物，就騎上機準備要走人，老公警告我說，摩托車是他媽買的，不准騎走。若要騎走，他就要將機車砸爛……。接著，耳邊飛來種種惡言、辱罵，我丟下鑰匙，頭也不回，用身上僅存的易付卡電話打給弟弟，拜託他來載我回烏日。

回到娘家，心情真的糟透了。我睡在一間有著濃濃菸味的房裡，即使菸味讓我作噁，我卻因為無路可走，不得不住下，只好躲在房拚命睡覺，連續睡了五天，有一餐沒一餐的。家人大概以為我又開始吸毒了。

到了第六天早上，突然覺得胸部脹脹的，「該不會是懷孕了吧？」趕緊跟母親拿錢去藥房買驗孕棒，三分鐘的等待，彷彿一世紀。真的懷孕了。

當下簡直是晴天霹靂，就好像被雷擊中一樣。甚至忍不住挖苦自己：「我怎麼會這麼衰啊，不過就是出監那天跟老公睡了一晚，怎麼就幸運中獎了。」

這個孩子來的不是時候，我身無分文，要怎麼生小孩、養小孩？第一時間我打電話給淑琴老師和董牧師，說了我懷孕的事，也開口跟她們借錢——我要去墮胎。

董牧師與淑琴老師都勸我不可以墮胎，孩子是上帝賜給我的產業。這些話，聽在當時的我的耳裡，真的聽不進去。

我只覺得「代誌發生在我身上，妳們只盡說些風涼話，完全無法體會我的心情」。我並不知道她們一直為我禱告，讓我墮胎墮不成。有一位未謀面的姐妹，特別來電勸了我一番，我不但不領情，還凶了她一頓，掛她電話。

最後，我找阿姐借了五千元和一輛摩托車，獨自騎車在臺中市區繞了很久，終於找到願意幫人墮胎的婦產科。

看診的是一位女醫師，我跟醫生說要拿掉孩子，她要我把身分證給她看。遞上身分證之後，醫師又告知需要配偶簽「手術同意書」，我只好騙她「先生正在監牢服刑」。等候時間，我也打了電話給董牧師，報備我在哪家婦產科做手術。

醫師不疑有他，直接讓我進手術房。我躺在空間狹小的手術檯上，兩名護士幫我打麻醉藥，打了快兩小時，麻醉藥卻一滴也進不到我的血管裡，彷彿有一股力量阻止我墮胎。

正巧有聽見牧師跟我通電話的醫師，終於說話了，她說：「我看妳褲子穿一穿，趕緊回家去吧！看來妳的上帝不要妳把小孩拿掉。」接著又說：「這兩個護士跟我七、八年了，從來不曾發生這樣奇怪的事。」

我滿頭霧水，事情怎麼會變得這麼奇怪複雜，只好先穿起褲子，回到候診區。沒想到，這時臺中更生團契的社工陳源早就坐在候診區等我，他看我從診間出來，以為手術結束了。我就靜靜地坐在他旁邊，不發一語。

陳社工大概也不知道如何安慰我才好，就拍拍我的手，我隨即嚎啕大哭，診所頓時充斥我高分貝的哭聲。

我哭是因為我不甘願，心中抱怨著上帝，「為什麼連墮胎這麼簡單的事，都不答應我，要不然祢是想要我怎樣！」我竟然邊哭，邊在心裡嗆上帝：「祢要我生是不是？那我跟祢講，我要生女的（因為前兩胎都是男孩），要有大大的眼睛、櫻桃小嘴，還要瓜子臉。還有，我完全沒本事養這個孩子，她以後用的、住的、吃的、穿的，祢全部要負責。」

醫師見我哭得這麼難過，便說要介紹我去別間婦產科試試看。我拿了醫師寫的另一家婦產科地址的字條後，也不管陳社工百般阻止，逕自踏出診所大門。

結果，可能因為打針打太久，雙手雙腳痛到直發抖，根本沒有力氣再去下一家婦產科。突然，一個心思意念讓我徹底打消墮胎的衝動。以前施打毒品，全身上下的血管都打遍了，也沒喊過痛，這回卻踢到鐵板，應該是上帝在懲罰我吧！

日後才知這是上帝對我行使的恩典，董牧師、淑琴老師和弟兄姐妹為我的禱告，上帝都聽見了。

住進中途之家，洗淨汙穢過往

搬離夫家、意外懷孕，我不想也不能再給母親添麻煩了。上帝既然聽見我的禱告，便也為我安排了去處——臺灣更生保護會臺中分會及臺中更生團契合作創辦的馨園女性中途之家。我是第二個入住的學員。那是二〇〇一年。

草創的中途之家很簡樸，上下鋪的床是好心人士捐贈，電腦、衣櫥都是二手貨，窗簾是撿別人丟掉的蚊帳做的，沙發椅是丟棄路邊撿回來的，一切都處在最克難的時期。當時，有四位出監不久的同學入住其中。

有一回，董月春牧師看見我們全都蹲在地上，端著飯碗、圍著客廳的矮桌吃飯，訝異的問大家：「明明有椅子，為何不坐呢？」大家異口同聲地回答：「因為我們已經蹲習慣了啊（以前在牢房經常是蹲著吃飯）。」

儘管在獄中受洗了，儘管決心戒毒、重新開始，但我的血液裡還是很叛逆。臺中更生團契的董月春牧師、前主委孫瑞廷、社工員陳源，和生活輔導員顏曉菁始終默默關心與陪伴，可我們原本就是一群豺狼虎豹，當時才二十多歲的輔導員、曉菁老師想管理我們，門兒都沒有！

那些日子，我經常請假外出，要不回烏日娘家，要不去找阿姐聊天，曉菁老師有時會阻止我出門，因此我對她很不爽，經常高分貝跟她大小聲。

曉菁老師安排住在中途之家的同學們，每天早上六點半去附近的教會晨更。叛逆的我，一到教會，總是雙手抱在胸前，不只詩歌不唱，連詩歌本也不拿。牧師講他的，我睡我的。就這樣過了四個多月，曉菁老師另外找了間教會，離中途之家更遠，每天早上得再提前半小時出門。

這間教會就是「臺中錫安堂」，由鄭大衛牧師領導。那時，我們在教會的長方桌晨更，鄭牧師便帶著我們導讀詩篇。有一次，鄭牧師禱告好久好久，我挺著大肚子，心情煩悶得幾乎快要坐不住了。

一禱告完畢，我便站起身來，指著鄭大衛牧師的鼻子，生氣地問他：「你幹嘛要禱告那麼久啊？」鄭牧師被我這樣一問，臉都綠了。他身高一百八十八公分，而我才一百五十五公分，一個嬌小的大肚婆，不知向誰借膽，竟然公然向一個巨人嗆聲！

為何牧師禱告太久會讓我抓狂不舒服？大概是因為之前荒唐的生活總是草木皆兵，得罪不少人，樹立很多仇家和債主，更害怕警察找上門，因此時時刻刻都要注意風吹草動，以保自身安全。所以一旦要在公共場合閉上眼睛那麼長的時間，即便是跟上帝禱告，我仍然沒有安全感。

還好，**再怎麼恐慌不安的心，都可以被上帝的愛撫慰融化**。有次晨更的時候，突然間一陣暖流進來，向來不太會開口禱告的我，竟滔滔不絕禱告個沒完，淚水不斷湧出，好奇妙的感覺，原來那就是「聖靈充滿」。於是，我愛上了晨更，每天開始自動起床，期待上教會。

在某一次聚會中，我看到曉菁老師在敬拜時，不斷地啜泣，眼淚流個不停，我坐在最後面，看得一清二楚。當下，一個自責的聲音出現在我的內心：「我為什麼老是要欺負她呢？」曉菁老師年紀輕輕卻如此勇敢，輔導我們這一群老油條的更生人，她從來沒有在我們面前掉過一滴眼淚，但是，她哭給上帝聽了。這讓我頓時感到懊惱不已，從此便不再頂撞她。

住在中途之家那段日子，臺中女子監獄的主管廖老師也默默關心著我，總會向董牧師詢問我的近況。**其實陽光一直都在，是我們選擇躲在陰暗處，不讓陽光照進來。**

王同學是我在中途之家最好的朋友，年齡和我相差一歲，她也曾經因為煙毒案而入獄，比起其他人，我們很有話聊。她原先是在餐飲店工作，工作表現不錯，還被升為組長，即使她後來搬離了中途之家，我們仍持續保持連絡。

有時候，她心情不好時，我會陪她一起去唱卡拉OK。她喜歡聽我唱順子的〈回家〉，還有跟我合唱李翊君的〈七情六欲〉。我們都期待能回家，盼望有個屬於自己的家，她和我一直努力尋覓一個可以遮風避雨的家。

王同學個性安靜，不愛與人爭辯，但鬱鬱寡歡，患有重度憂鬱症。我是她解憂消愁的開心果，常常逗樂她，也會牽著她的手，為她禱告。過沒多久，王同學交了一個對她很好的男朋友，吃、住、生活都不用愁，不料她的憂鬱症卻越來越嚴重，每天藉酒澆愁，喝得醉醺醺，根本無法工作。

某天早上八點多，我接到電話，早已喝掛的她，啜泣的說：「慧珠，我就只有妳一個朋友。我好煩，想聽妳唱歌，妳現在唱〈回家〉給我聽，好不好？」我拿著電話，閉上眼睛，唱著〈回家〉，電話兩端的兩個人一起流淚。

唱完歌，我為她禱告，好不容易才把她哄睡。她的男朋友雖然很愛她，對她的情況也束手無策。王同學一直進出精神病院做治療，我與董牧師常常一起去醫院看她。在病房，她總是淚眼汪汪地望著我說：「慧珠，上帝為什麼不要我？」我無法回答她的話，只有將她緊緊擁進懷裡，任她哭泣。

有一天，突然接到她男友打來的電話：「慧珠，○○已經『回家』了。」我腦袋一片空白，火速騎車趕往殯儀館。殯儀館人員將冰櫃拉出來，屍袋拉鍊一打開，我當場淚崩，蹲下來近距離端詳她的遺容說：「妳為什麼不乖，妳為什麼不聽話？」

王同學的死亡原因是，血液中的高濃度酒精導致心臟衰竭。她明明還很年輕啊，三十出頭就走，毒品都勝過了，為何過不了酒癮這一關？真是讓人不勝唏噓！

入住中途之家的三年，可以說是我的人生黃金時期，也是我逆轉勝最重要的一個關鍵。如果生命是一杯清水，以前的我，就像每天在清水裡滴一滴墨水，長年下來，這杯水早已混濁，甚至還發出惡臭。**上帝的愛，是世界上最頂級的濾水器，而且不需要花大錢購買。祂一遍又一遍地去掉混濁不清的黑墨水，並將發臭的黑墨水，滌濾成可以飲用的清甜甘霖。**

惡劣的習性被調整的過程十分痛苦，每次調整必痛得哇哇叫。脫序的行為被糾正時，心情總是糟糕透頂。但是每次順服、願意改變的心志，就能戰勝每一個今天。

不是每個更生人都願意被調整，願意順服。絕大部分的更生人脾氣都很暴躁，動不動就鬧脾氣，因為不懂如何互相扶持，只是自私的被欲望吞噬，沒有學會真正的愛與包容。

而我，為什麼選擇改變？

女兒出生之後，真的如我在婦產科診所墮胎不成時，向上帝嗆聲要求的，有著大大的眼睛、瓜子臉、櫻桃小嘴，像天使一般可愛漂亮、討人喜歡。我不要孩子跟我一樣，人生前半段過得渾渾噩噩，所以我自己一定要改變，要能面對現實，要能洗心革面，要能努力打拚、站穩腳步。

我知道，當清楚自己的目標，且有強烈的決心，這人離戒毒成功便不遠了。**想回歸正途，完全脫離毒品綑綁，是需要付出代價的。**

戒毒成功，沒有捷徑，唯有堅持到底。

上帝為人預備的，是眼睛未曾看過，耳朵未曾聽見，人心未曾想過的。恩典一直湧進來，在中途之家待產時，有人奉獻一筆錢讓我生產用。孩子尚未出世，有人奉獻一年的奶粉，還有人從埔里載來好幾箱尿布。

懷孕七個多月的時候，婆婆因病過世了，當時我和第二任先生還沒有離婚，依禮俗必須回夫家奔喪。我挺著大肚子，跪地爬行，繞棺材好幾圈。喪事辦完之後，我的腳也無法走路了，因為小孩已經往下墜，壓到腳神經，陣痛感來了……。

送到醫院時，已經開兩指、要生了，但醫生說孩子才二千公克太小了，於是住院兩周安胎，每天點滴不斷。上帝未免也太厲害了，我要墮胎時，連一滴麻醉藥都無法打進血管裡，如今要安胎保住孩子，每次上針都很順利！

住院安胎期間，母親每天騎機車來醫院照顧我，我不忍心母親如此勞累，跟她說我請隔壁床太太的先生順便幫我就行了。隔天母親沒來，隔壁床的太太也出院回家，整間病房四張床只剩我一人，安靜到連蚊子伺機而動的嗡嗡聲都聽得清楚。我想，我今天大概要餓肚子了。

到了中午，沒人可以幫我買午餐，而我自己吊著點滴、身上還有許多儀器連接著，根本無法下床。這時，突然房門一開，一個教會的姐妹上氣不接下氣，手拎一包肉羹麵說：「小珠，今天一直有個聲音催逼我說『慧珠肚子餓了，趕快買東西去給她吃』。我實在忙到走不開，但那提醒聲不斷，所以我還是趕緊買一碗肉羹麵來給妳。我要去忙了，歹勢啦！」

接著「碰」的一聲關上門，她迅速離去，我還來不及說聲謝謝呢！我吃著肉羹麵，內心驚嘆連連，上帝怎知我肚子餓，我沒有跟祂禱告說我餓了呀！

安胎這半個月，媽媽猛幫我進補好料，又是燉牛肉、又是甘蔗汁……。好不容易肚裡的胎兒長到了二千四百公克，安胎劑改為催生劑，催生第三天總算順利生產。

出院回到中途之家，我沒有坐月子，我自己照顧自己，幫小孩洗澡、餵母奶、哄睡等，樣樣自己來，三餐就騎機車去巷口買陽春麵吃。老公那邊只煮過一次麻油雞，送到中途之家來給我進補，最補的兩次是母親買榴槤來。

時值中秋節前夕，陳源社工員載我回醫院複診時，滿街賣著柚子、中秋月餅、綠豆椪。天啊！綠豆椪是我的最愛，於是我在後

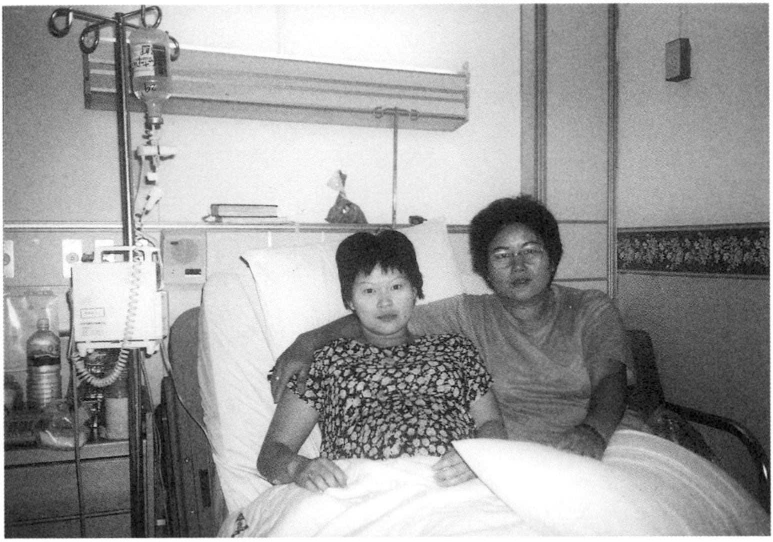

2001 年 9 月 20 日，我的女兒誕生了。媽媽一直陪伴著我，而今我也期待能把這份愛傳承給兒女。

座默禱：「主耶穌，我喜歡吃綠豆椪，我只要吃一個，吃一個就夠了！」心中卻感慨萬千，我是怎麼把自己一步步逼上絕路，連想吃一個綠豆椪都是一種奢求。

當天下午，有人到中途之家按門鈴，一個男生說：「姐妹，請開門，我要送一盒月餅給妳們吃。」我開門接過月餅禮盒，說聲謝謝後便關上門（馨園是男賓止步）。我將月餅放在餐桌上，一打開，哇……，全部都是綠豆椪。

我為一連串主的恩典，白白得著而感恩。

臺中錫安堂教會的弟兄姐妹對我沒有任何歧視，完全的接納，無法想像天底下有這樣的愛。大家給予女兒所有的食品、嬰兒車、日本牌子耳溫槍（至今仍在使用）、嬰兒床等，全部都是新的，不是二手貨。

起初，我想不透怎麼可能有一群這麼好的人，無所求的幫助我。這一定有詐。我愚昧地質疑弟兄姐妹對我的好不單純，然而時間和事實證明一切，他們是要融化我冷酷冰凍的心，他們希望能讓我感受到真正的愛。

想了又想，才驚覺以前在黑社會走跳的日子，帶給我的負面影響如此之深、如此之遠，以致我的防衛心很強，在此之前，完全不懂什麼是無私的愛人如己與付出。

教會的弟兄姐妹一起鞏固我戒毒重生的信心，恩典多到數不清。一首詩歌的歌詞寫道：「主的恩典樣樣的要數，主的恩典都要記清楚，主的恩典樣樣都要數，必能叫你驚訝立時樂歡呼！」原本剛烈的性情，在充滿愛的環境中漸漸建立信心，受人肯定的喜悅難以言喻，點點滴滴都銘記在心。

住在中途之家這三年，我還是經常跟阿姐聯繫。每次要去找她時，她便會吩咐在她住處的那些毒蟲們：「等一下慧珠要來，大家都不可以抽菸嘿！」

懷孕六個多月時，我去找她，她帶我進臥室，當著我的面施打海洛因，我的臉轉向一邊。阿姐語帶諷刺說：「怎樣，妳看到會想要用，對不對？」我搖搖頭：「不是，看到阿姐這樣，我的心好痛啊！」

我轉向她，淚水不停地滑落，一手撫著肚子跪下來，一手抱住阿姐的大腿哭著說：「阿姐，不要再吸毒了好不好？不要再跑給警察追了，從頭開始吧！」姐妹哭成一團。但我知道阿姐已經回不了頭。那之後不久，阿姐就被通緝了。

阿姐和我的感情比親姐妹還要親，每次去找她，總是買一大堆上好的水果，讓我帶回中途之家。戒毒前，她給我最純的海洛因。阿姐剛開始也是半信半疑，以為我是剛關回來又懷孕才不吸毒，但隨著日子一天一天過，我就算心情再低落，也未曾跟她開口要海洛因解憂愁。

阿姐是販毒大盤商，什麼沒有，毒品最多。她看到曾經是超級大毒蟲的我，如今面對眼前這麼多誘惑，竟然不為所動，根本是破天荒的奇蹟。她開始對我的信仰有好感。

阿姐被捕入獄的期間，我幾乎每天寫信給她，希望她也能有信仰，這樣可以翻轉為毒所綑綁的人生。阿姐真的在獄中受洗了。受洗當天，我去到現場，上臺勉勵受洗的同學。我遠遠就看見穿著潔白聖袍的阿姐，她兩行熱淚不斷湧出。

如今阿姐也已回歸社會十幾年。出監後的她，斷絕所有毒品與毒友，一個人在好幾處菜市場承租攤位賣鞋子。

有一回我打電話給她：「姐阿，妳今天在哪個菜市場擺攤，我要過去看看妳。」

「我在潭子。」阿姐的聲音聽起來很忙碌。

當我飛奔去潭子市場時，阿姐忍不住抱怨：「厚～以前要賺一百萬、二百萬有夠快（販賣毒品獲取暴利），現在為了賺三萬、五萬，好辛苦啊！」我馬上用讚美激勵阿姐是在做對的事，要往標竿前進，永不回頭。「阿姐，妳現在是最棒的！」

又有一回，阿姐突然來電，語帶哽咽：「慧珠，以前跟我拿毒品的朋友剛打電話請我幫他調毒品，我說，我已經沒有在玩了，朋友不相信，一直求我幫忙，我一直強調是真的，朋友說我以前玩這麼大，怎可能說收就收？」

阿姐回他：「因為我有一個小妹，……」阿姐說到此，電話兩端的我們早已熱淚盈眶。我沒有想到**原來生命可以影響生命**，真的好欣慰、好感動。

阿姐賣了好幾年的鞋子，用做正經事、辛苦賺來的錢買了房子。當我和兩個孩子去她的別墅參觀時，阿姐笑容滿面的介紹：「這間就是我買的別墅。」

我們異口同聲：「哇喔！」進到客廳，阿姐介紹說這些裝潢花了多少錢，我們又「哇」了一聲。看著阿姐笑開懷，繼續帶我們參觀她的房間。門一打開，第三聲「哇」迴盪在空中，「好速西喔！」阿姐打開像百寶箱的衣櫥，收納得整整齊齊。

就這樣一路「哇」到底，也感動到底。阿姐的兄嫂和姐姐們也對我非常支持與愛護，阿姐現在也成為我的保險客戶呢。

斷捨離，卸下被濃妝綑綁的假面具

我從二十歲開始登臺作秀，經紀人將我包裝成青春玉女形象，在舞臺上總是濃妝豔抹，戴著假面具，展現最亮麗的姿態。自此沒有化妝絕不出門，連安胎住院每天至少都要上粉底。除了在監獄那段時間沒能畫妝外，每次出門前，我一定要畫上兩個小時的妝，非得在臉上塗了層又一層才滿意。

沒想到某日讀到《聖經》〈箴言〉三十一章說：「豔麗是虛假的，美容是虛浮的，惟敬畏耶和華的婦女必得稱讚。」這句話果真刺中要害，讓我渾身不自在，因而開始急於解開「我為何一定要化濃妝」的迷思。

以前過慣夜生活，出門都是胭脂紅粉。也因為天天喝酒，後來又吸毒，健康不佳、氣色極差，臉上有幾處斑點，為了掩飾這一切，妝只好越抹越濃，甚至誇張到連睡覺都沒卸妝，深怕枕邊人看到我原本的面貌而驚嚇，離我而去。

在過度保護自己的情況下，化妝就是偽裝自己的最佳武器。看到媒體報導日本很多女性的先生或男朋友，從未見過她們素顏的樣子，我心有戚戚焉。

別以為這是小事一樁，以前叫我不化妝出門，對我而言，是僅次於戒毒的困難，真的很難做到。沒想到一段經文立刻使我的靈魂甦醒過來。突破心理障礙之後，豁然開朗，原來不化妝出門可以這麼清爽啊！

被濃妝綑綁十五年之久的我，不僅找回原本最自在真實的樣貌，以往脫序的行為，也漸進的往好的方向調整及改變。

成為基督徒之前，我是開口閉口不是「三字經」，就是「五字經」，有了信仰之後，雖然沒有再罵過髒話，但以前在黑社會那些打打殺殺的畫面，卻如同植入晶片般如影隨形，揮之不去。晚上一入夢，依然是廝殺的情節，說的夢話，還是大聲飆罵髒話。兩個孩子和我睡在同一張床，隔天常常會重敘夢話給我聽。兒子也經常在睡夢中，莫名其妙被我打醒。

我曾夢見有一個男人騎著越野車，要衝進我家，我奮勇向前抓住他的手臂，狠狠地咬一口，結果我痛醒了。醒來時，發現我咬的是自己的手指，手指上有深深的牙痕，感覺快咬斷了，可見我多麼勇猛迎敵。

也常常夢見自己尚未脫離毒海，還在吸毒，或有毒友拿著海洛因毒針，追著我跑……。當我一直說夢話，兒子就會趕緊拍拍我的臉頰，把我叫醒，說：「媽媽，妳醒醒啊，那是夢，不是真的！媽媽，那是夢，不是真的啊！」驚醒過來的我，就抱著兒子哭。還好，只是一場夢。

前幾年搬家前夕、整理廚具時，一直有個念頭想要保留著三個已經壞掉、根本沒在用的平底鍋。於是，我反問最深層的那個自己：「陳慧珠，那三個平底鍋早就壞掉了啊，你留著這樣的平底鍋要幹麻呢？」內心深處竟然出現這樣的聲音：「留著壞掉的平底鍋，是為了要幹架用的！」

因為我們是單親家庭，我總是會想，如果有人敢欺負我們母子三人，老娘就用平底鍋殺出去，跟他拚了。天啊，怎麼我的劣根性還在啊？最終我還是捨棄了那三個壞掉的平底鍋，並在上帝面前認罪悔改。

搬到新家後，我與孩子分房睡，有次，我再度夢見與人打架的場景。我奮力反擊夢中的敵人，神準地用腿踢掉敵人手裡的槍。我永遠不會忘記這個夢，因為當我踢掉敵人的槍時，真的整個人從彈簧床彈跳起來，伸出腿來個側踢，這一踢就清醒了，但還真的站立在彈簧床上。坐在床邊，雙手抱著頭，急促地喘息。這樣的夢魘，還要持續多久啊！

還好，在這些年信仰越發堅定後，二十幾年被捆綁的心，總算漸漸解開，不再入夢了。

慧珠的
人生啟示錄

毒品就是包了糖衣的毒藥，漸進式的一層又一層剝奪人的自尊與人格，如同魔鬼般，使我們原本的善良模樣變得惡臭腐敗。

想脫離毒品的綑綁，必須用上無盡的代價與它做困獸之鬥，因此請千萬不要以為自己能駕馭得了，而以身試法。

PART 03

{曙光} 重寫人生劇本

當命運經受巨大撞擊時，生活軸心往往跟著脫軌。

領悟需要時間，它會在願意悔改時悄悄萌芽，

倏忽破土而出，然後迎接新的生命曙光。

第一份敢光明正大說出口的工作

要生活，要過正常人的生活，單憑一張國中畢業證書，是能到哪裡找工作啊？正當的職業我完全沒經驗，也沒概念，更沒有專業的技術或知識。我該怎麼辦？

對於一個曾被列管為追蹤的吸毒人口的更生人來說，找工作是一件極為困難的事。我決定把擔心交給上帝，透過禱告求上帝為我預備工作，讓工作自己來找我。

總算明白「不懂就要問」，業績逆轉勝

禱告的當天下午，馬上就有工作找上門了。一位曾住過馨園的姐妹打電話給我：「慧珠姐，我們公司缺業務員，妳要不要來試看看。」隔天，我就去應徵了。

我去的是豐美行銷公司（已結束營業），專門代售東森寬頻電信ADSL網路線、家用電話申請，還有代銷各家銀行的信用卡，及幫客戶辦信用貸款、房貸和車貸等。開始跑業務時，在國華人壽工作的堂妹很貼心，為了讓我看起來專業點，特地幫我準備了公事包、名片夾，正所謂「工欲善其事，必先利其器」。

猶記得要先上一星期的訓練課程，了解東森寬頻的專業術語及架構，全部講義都是英文，我驚嚇得想要打退堂鼓，又想到生活

（錢），只好硬ㄍㄧㄥ著做下去。

那時，公司大概有十來個業務員，每個人都有相關工作經驗，惟獨我是菜鳥一隻。頭一次去拜訪陌生客戶時，我拿了一張DM遞給對方，手腳抖個不停，推銷的內容也講得七零八落。客戶等我講完，雙手插在胸前，說：「小姐，妳是在講啥，我聽嚨無！」我抓一抓頭說：「是喔！我自己嘛聽嘸啊！」後來，客戶和我閒聊，可能看我一臉「菜」樣，還問我是不是「菜鳥」，我馬上就承認，這客戶一聽，竟願意簽下契約書，讓我感動萬分。

上班五個月後的某個下午，公司一位很強的業務員拍桌抱怨說：「@#$……業績實在有夠差，這個月只做四萬多元。」聽在我耳裡超不好受，但是我依然笑瞇瞇去上班。

其實，我那時每個月只領到五千多元。為了上班，要請保母顧小孩，一個月就要八千元，我的薪水連保母費都負擔不起，還連續積欠了五個月。每當下班去接孩子回馨園，我都不好意思抬起頭來，只能再拜託保母通融一下。為了賺更多錢，周末我就去打掃教會姐妹的住處大樓，從一樓掃到五樓，一天工資有二千元，常常做到腰桿都挺不直。

某個晚上，回到馨園，坐在馬桶上，滿是抱怨：一樣是一個腦袋、兩個眼睛、一張嘴巴、兩隻手、兩隻腳，為什麼業績落差這麼大。我氣自己無能，矛頭又指向上帝，哭著禱告，順便嗆上帝：「這條路是祢開的，祢看我積欠五個月的保母費都付不出來。這個月如果業績做不到三萬元，我就不幹了！」

突然，一個微小的聲音進來：「慧珠，把妳的面具拿掉，不懂就要問。」頓時，茅塞頓開。

《荒漠甘泉》有那麼一段話：「雖然火是頂熱，錘是頂重，水是頂冷，你還該憑信心和忍耐站住，因為祝福就在後面。讓我們和約伯同聲說：『祂試煉我之後，我必如精金』。」此文強而有力，我大聲哭泣，上帝用祂的話安慰了我。

一直以來，上完課後主管問我懂不懂，我都裝懂。舉凡英文或是電腦（在此之前完全沒摸過電腦），我明明不懂，卻礙於面子，無法開口請教別人，覺得會自取其辱，所以一直無法在工作專業上更精進，原來我的敵人就是我自己。

原來「不懂一定要問」，好吧，就這麼做。同時，我也改變我的工作計畫，每天騎著以五千元購買來的二手機車到臺中工業區，穿著鐵灰色套裝，手上拿著一塊夾紙板，逼自己一天要拜訪三十至四十位客戶。無論是炙熱的太陽罩頂或颳風下雨，我馬不停蹄。**當**

我覺得累時，「流淚灑種的，必歡呼收割」陪著我走過春夏秋冬辛苦的業務生涯。

「不懂就問」還真的管用。我好像抓到工作的要領及行銷的訣竅，越做越有勁，越做越有心得。唯一讓我傷腦筋的是，每天掃街式地拜訪客戶，經常太認真到忘記機車停在哪兒，也常常走路走到鞋子「開口笑」。

很快地一個月過去了，我不敢算業績，但我心裡有數，應該有比之前好吧。那天，副總要我進辦公室，他一手插腰，一手翻閱桌上的業績表，我立正站好像銅像，雙手貼緊裙縫，緊張到幾乎忘記怎麼呼吸。

「妳知道這個月做多少業績嗎？」

「我不知道耶。」

「這個月表現很不錯，業績有三萬八千多。」

我謝過副總後，雖然默默地離開，卻高興得快跳起來。其實，剛做這份業務工作時，我沒有摸過電腦，對行銷網路線 ADSL 和電話節費器一竅不通，經過半年的時間，我的業績開始突飛猛進，成為公司業務同仁裡的銷售冠軍。

還記得我向上帝嗆聲說，如果這個月沒做超過三萬元業績，我就不幹了。看來上帝應允我，太神奇了！我總算有能力每月攤還積欠的保母費了。

事隔十年，在一個偶然的機會下，才得知當初欠下五個月的保母費，卻沒有被催討，都是因為鄭大衛牧師偷偷先幫我付掉了。當我開始償還保母費時，保母就再把錢轉還給鄭牧師。幸好，至今我沒有讓鄭牧師失望。

我在行銷公司（後期改名為「旗艦電行銷公司」，現已結束營業）的業績，後來真的就像坐飛機不停地往上攀升，甚至超越其他資深的業務同仁，並榮升開發部副理。我滿足於當時的成就感，不再把榮耀歸給上帝，覺得這一切都歸功於自己努力得來的，可以不必再依靠上帝了。

因為業績變好，我居然又開始另一種自我膨脹，隨心所欲。雖然還是固定周日會去教會做禮拜，但心裡不像以往那樣渴慕上帝，也不常禱告了。

在此同時，我也搬離住了三年的中途之家，回到臺中烏日跟父母同住，並正式與第二任丈夫離婚。

當年我和孩子的父親都因煙毒案接連入獄，十歲的兒子就委由姑姑幫忙照料生活，有了正常工作，也沒有再碰毒品後，姑姑終於願意讓兒子回到我身邊。由衷感謝姑姑那幾年幫我照顧兒子，讓孩子的童年還是有親情的溫暖！

因為行銷公司也有推廣信用卡業務，經過友人介紹，我認識了當時任職於富邦人壽保險公司的薛吉廷業務主任（現為中鼎通訊處處經理），他看我工作勤奮，充滿熱忱，他的單位正打算增員，便鼓勵我進保險業。正巧那時的公司傳聞營運危機，遲發薪資，有些同事已紛紛求去，我也就離開服務兩年的行銷公司，正式到富邦人壽，和薛主管一起打拚。

進入保險業，遇見貴人與契機

二〇〇四年我進入富邦人壽保險公司擔任業務。前六個月居然又被「打回原形」，重新經歷一次撞牆期，每個月只領五千多元的薪資，真是有夠挫敗。

「我真的做不來，該怎麼辦？」我不斷地哭泣，離開上帝好久，我開始禱告，求主為我開路。那句話又出現了，「不懂的就要問，心態要歸零。」原來，我還杵在前公司「開發部副理」這個位階的光環中，保險業其實是另一個領域，但我到了富邦之後卻很少請教別人。本來已經想要放棄的我，因為這句話而重新得力。改變了工作態度，我的業績開始成長。

再過半年，薛吉廷主管邀我吃飯，「慧珠，妳什麼時候要升主任？」用餐時他問我。我壓根沒想過這個問題，當場就愣住了。

「我……，要升主任喔？」

他倒是一派輕鬆，說：「因為妳是女生，所以我不用『操@#%

的』這種話罵妳。」

我開玩笑地反擊：「你敢用『操』罵我，椅子就會飛過去。」

薛主管很有智慧地用我能接受的方式帶領我，也 Push 我必須去考保險相關證照。在準備考第一張證照時，他每天晚上騎車到我烏日的娘家，督促我讀考證照的書，他便在一旁和我女兒玩筆電遊戲，直到晚上十二點才離去。

學生時代也沒好好認真讀書過，「拿筆」對我而言比「拿槍」艱難千百倍。以前拿刀拿槍跟人廝殺、拚輸贏都沒在怕的，現在要全力衝刺準備考試，要認真讀書，要理解內容、該背就不要忘記，一想到竟然「皮皮挫」！

第一張證照，我考了四次才過關，隔年，我晉升為業務主任。如今在富邦服務已經邁入第十四個年頭了。還記得第三張挑戰的是投資型證照，因為我對數字超級不靈光，心裡感到很焦慮，幸好有位同事以前曾經在銀行工作，他用我可以理解的方式來教我，讓我打通邏輯上的任督二脈，才能一路過關斬將，拿到五張證照。當然，**學無止盡，期許自己能繼續在財務管理、信託方面進修，以更多的專業來服務信賴我的客戶。**

薛主管對我在工作和生活上的照顧，這份恩情永誌難忘。回想二〇〇六年帶著兩個孩子離開烏日的娘家，在臺中市租了一間沒有電梯的四樓舊公寓。房間的門是故障的，只好以布簾代替；床是用兩張壞掉的彈簧床疊在一起；也有兩張不堪的書桌勉強湊合著用；用三千元買了一臺中古冰箱、一千八百元買一部中古電視，及簡單便宜的家具。

一開始沒發現，人住進來之後，才曉得房間裡的溼氣很重，每逢下雨天或颱風天，雨水就會從窗縫滲進來，擺放在靠近窗邊的衣物都發霉了。

有一回冬天寒流來襲，薛主管來電關心：「慧珠，要記得蓋被子喔！」那時我的身體不停打哆嗦，牙齒不停打顫，「報告主管，沒想到這麼冷，我把暖被留給孩子蓋，我只有一條涼被。暖被給孩子們蓋。」

薛主管掛斷電話，不到三十分鐘後又來電，「慧珠，下來開門，我在樓下。」我全身顫抖著衝到一樓開門，遠遠看到薛主管時，淚水已經在我眼眶裡打轉。他站在寒風中，手拎著一大袋新買的羊毛被，為我送暖來了！

又有一回，我在臺中市北屯區客戶家談保險，因為要保書帶的不夠，我打給薛主管請求支援，當時外頭正下著傾盆大雨，我看見薛主管穿著雨衣，在風雨交加的晚上，騎著他的機車，為我送來要保書，使我感動不已。

那年的母親節，「慧珠，妳下樓一下，我有事找妳。」接到薛主管電話，我快速下樓。本以為他要交代公事，結果是送我母親節祝福。從他手上接過一大束康乃馨，我強忍淚水。薛主管對下屬的愛護，讓我剛強頑固的個性變得柔軟。

其實，剛開始投入一竅不通的保險事業時，他反倒是常在主管會議上，毫不客氣當眾酸我，而我也總是火藥味十足的回嗆，搞得大家氣氛尷尬，直到薛主管不發一語離去，我才發現自己個性太衝，然後低著頭到他辦公室向他道歉。這樣的場景發生無數次了，謝謝他的包容。

跟薛主管共事將近十四個年頭，他早已經「改掉」在會議上酸主管的習慣了，在大多時間，只會聽得到他的讚美聲及加油聲。而我也不再是當年那個嗆辣的小辣椒，學會虛心受教與尊重。每一天我都在告訴自己：「**不需要跟別人比賽，只要跟自己比賽。每一個今天，都要贏過每一個昨天。**」

在從事保險業務的路途跌跌撞撞，關關難過關關過，一起學習成長、共存共榮。感恩心常在，時時得記起。

珍惜每張保單，腳踏實地的感覺真好

進入保險業最大的衝擊，就是完全沒有客源。這麼艱鉅的挑戰該怎麼辦？我的客戶要從哪裡來呀？

沒有親朋好友捧場，我想了個方法，那就是逼自己每天下班後留在辦公室打電話。拿出厚厚一本中華電信電話簿，我從姓氏最少的開始打。

電話前方放著一面鏡子，我規定自己一個晚上至少要花三個鐘頭，打至少三百通電話，而且要面帶笑容講電話，即便被掛電話拒絕或被懷疑被罵是詐騙集團，我都要保持微笑。常常三百通電話，只有十幾通願意聽我說完。這十幾通縱使耐心聽我說完，成交率仍是「零」。

憑著一股傻勁與熱情，將近四個月後，才開始有保單簽回。頭一次是去苗栗簽了四件保單，那是在救國團工作的吳老師一家人。讓我驚訝的是，吳老師對我很信任，我們不像第一次見面，彷彿老朋友般熟悉，他們全家給我莫大的鼓舞，回到辦公室後，大家也鼓掌激勵我，頓時覺得所有的辛苦都值得了。

另外，我開始和幾個業務同仁合租臺中市各大賣場的櫃位，像是忠明路的大潤發、大里的愛買、北屯店大買家、崇德店家樂福、青海店家樂福等，**站櫃時，身體前後就背著珍珠板，手上拿著DM，看到經過的路人，就走向前哈啦幾句，練練膽量。**當然，大多時候是被拒絕的，但是**多一次被拒絕的經驗，就多一次成長的機會，**上帝的話，使我勇敢堅持下去。

有趣的是，由於每週固定時間都會出現在上述的幾個大賣場，一段時間之後，當地的民眾竟然也會主動來和我聊天，久而久之，大家變成像朋友一樣。更重要的是，獲得他們的信任後，自然而然就能簽到保單了。

「與人為善」、「誠懇待人」這也是我從事保險業學到的寶貴功課，尤其跟同事之要能不恥下問，彼此欣賞，彼此學習，看別人

比自己強，不忌妒也不張狂。

從事保險業務的精彩程度，其實一點也不輸我過去的幽暗人生。有一位傳奇人物陳老闆，在臺中大里開了一家防爆隔熱紙店，個子不高但志氣很高，技術一流，也娶了個顧家又愛他的老婆。記憶猶新，剛開始陳老闆完全不理我，每次拜訪都是我和他的太太聊媽媽經。

某天凌晨一點多，我接到通電話，是個聲音沙啞的陌生男子，「喂～尚水ㄟ（這是我以前作秀的暱稱）嗎？」

接著，有女人的聲音：「姐啊，是我啦！妹妹（陳老闆唯一的女兒）高燒不退，現在在大里仁愛醫院急診室。」

即使當時我早已熟睡，仍立刻跳下床跟陳太太說要注意哪些事項及準備哪些理賠資料。

電話中，聽得出來陳太太很著急，於是我乾脆換了衣褲，顧不得頭髮亂成一團，開著車，就直接趕往醫院，希望陪伴陳老闆夫婦度過這個焦急的夜晚，順路便買了兩罐咖啡想給他們提神，及一罐舒跑給孩子退燒喝。

記得我到院時間是凌晨兩點左右，正要進入急診室門口，看到陳老闆和友人蹲在矮牆上抽菸。平常他都不跟我講話，我看了他一眼，遞上一罐咖啡，便走進急診室找陳太太母女。我在急診室安撫陳太太，並且為妹妹禱告。

我將咖啡拿給陳太太說：「乎妳凍眠，舒跑給妹妹喝。」在聊天當中，才知道妹妹有三張不同家的保險，他們也打給其他兩家業務員，一個關機，一個沒接。

離開急診室已是凌晨四點多，天微亮了。陳老闆看見我走出來，便從矮牆上跳下來，嚇了我一跳。

他站三七步對我說：「尚水ㄟ，妳今日乎我揪感動ㄟ，我一定甲妳介紹客戶！」這是陳老闆第一次和我講話。

他果真說話算話，日後介紹不少客戶給我。現在只要我去店裡探望他們，他都主動打招呼並泡茶給我喝，讓我感動不已！這是我最難忘的一次服務經驗。

*

大佳早餐店老闆娘賴姐，是一位賢慧又優秀的才女。從她親手做的每一份早餐，可看出她的用心。早餐店開在臺中錫安堂附近，鄭牧師常去店裡捧場，賴姐也十分支持更生人重返社會，願意給同學機會到她的早餐店工作。

賴姐看到中途之家來來去去的同學這麼多，幾乎大部分又走回頭路；而我仍堅持自力更生，所以她願意給我為她服務的機會，成為我的保險客戶，真的很感激。我們有共同的愛好，就是插花，常互相讚美與共勉，賴姐是我學習的好對象。

警察、法官、牧師和醫師，都成了我的保險客戶

說來微妙，如今我的保險客戶也有前面章節提及當年抓我進監牢、現在已退休的巡佐；有醫師和醫師娘；也有牧師和法官！感恩他們如此信賴我、願意給我機會服務。

＊

得醫診所的陳醫師及賴醫師娘，可以說是一對寶。陳醫師是載譽歸國的德國醫學博士，令我佩服的是他除了是腦心血管疾病權威

醫師，在音樂方面也了得，不用看樂譜，小提琴拉得真好。娶了來自彰化的美麗醫師娘。感謝他們扶持曾經走錯路而今悔過向上的慧珠，願意讓慧珠有服務的機會。

＊

信望愛眼科的郭醫師娘，氣質高雅大方，反倒讓我自形慚穢，但她得知我從事保險業，先是把家中車險給我服務的機會，之後某個晚上居然打電話邀請我去家裡一趟，原來那個晚上，她願意再給我服務機會，正式成為我的保險客戶了。

簽下這張保單，回程騎車的那一刻，淚水忍不住奪眶而出，就這樣止不住淚水、懷著感恩的心回到家中。坐在書桌前，閉上眼睛還是淚水湧流，感謝主的恩典，給我這麼好的客戶！

＊

有一天，我在中途之家得知社工人員認識曾仁杰牧師（當時還是傳道），正好曾牧師要來臺中更生團契辦公室，也曾是更生人的曾牧師讓我想要更進一步認識，就請社工幫我跟曾牧師約見面。這是我們第一次見面。

我遞上一張名片後自我介紹，仁杰牧師看到我任職的單位，馬上說：「妳該不會是要我買保險喔！」我笑著說：「我沒有要叫您買保險啦，因為您很紅，我只是想認識您而已。」仁杰牧師不好意思摸摸頭。

聊了一整個下午，才知道原來彼此以前在黑社會的日子，朋友圈有重疊，只不過那時雖然我聽過「大頭杰」的大名，卻不曾見過廬山真面目。

我跟曾牧師較熟識後，有一天碰面，他很自然問起：「你們富邦現在有什麼好方案嗎？」我說：「當然有！」待我說明完，曾牧師當下簽下兩件保險。這可是曾牧師自己送上門的喔！

＊

彰化法院的黃法官，是安靜又賢慧的女人，很難想像這麼文靜嫻淑的女性，竟是坐在法庭上審判的正義使者。

一直以來，她總是以行動來表示對我們家庭的關愛及支持，就連保險規劃都願意讓我來為她服務。每當我遇到困難的時候，不吝惜伸出雙手，拉我一把，給我力量。好比剛開始做業務，業績難免時好時壞，黃法官那陣子幫了我許多。我永遠記得這個恩典。

做個盡職的保險員，幫客戶爭取最大的保障

身為保險業務員，必須做好吃「閉門羹」的心理準備，經常遇到許多人，只要一聽到我是「做保險」的，就會自動彈開。以前在約客戶或朋友見面時，不免會擔心他們是否會因為我從事保險業，而把我列為拒絕往來戶。二〇〇二年，在剛從事業務工作時，認識了負責行政的小惠。後來我轉職到保險業，也一直與她保持聯繫，時常相約一起聊天吃飯。

我與小惠很有話聊，不過，內心總會莫名擔心自己做保險業會把小惠嚇跑。我曾經問過小惠是不是有保險了，因為小惠說年輕時就已經買了保險，談話當下，也感覺她似乎擔心我會向她招攬保險，就沒有再繼續追問下去了。

小惠晚婚，後來她的女兒出生後，保險是由我規劃及服務。前幾年的某一天，突然接到小惠的先生來電，電話那端語氣凝重：「慧珠，小惠發生車禍，傷勢很嚴重，現在在醫院搶救。有關小惠的保險事宜，就麻煩妳了！」

當下，我整個人傻住了，我並沒有小惠的任何保單啊！小惠頭部遭到重創，失去記憶，也無法走路，成為凡事皆需仰賴先生的失能者。小惠的先生也不知道她跟哪家保的險，而小惠因失憶也無從問起。

我不斷譴責自己：「陳慧珠妳在當什麼保險業務員……，妳口口聲聲說愛小惠，為什麼當初沒有追問小惠保險是哪家公司，為什麼小惠需要協助的時候，妳什麼忙都幫不上？」我除了難過，更加愧疚和自責。

我常去醫院探望小惠，雖然她不認得我了。當我去醫院探望小惠，溫柔的問：「妳知道我是誰嗎？」小惠看都不看我一眼，很不耐煩地回答：「我怎麼會知道妳是誰啊！」小惠從來沒對我這麼凶過她個性很溫和的。又一次去探望，再次問小惠認得我嗎？「妳是大姑姑！」她說。

一天，我抱著一絲絲希望再問：「妳記得我的名字嗎？」小惠說出：「妳是慧珠！」我聽到她這樣說，馬上放聲大哭，以為小惠病情好轉了。沒想到隔天再去醫院，她又忘記我是誰。

寫小惠的故事，我的淚水流不停。慶幸小惠已逐漸恢復記憶，期盼她早日完全康復。

小惠的意外給了我很大的提醒，**既然踏入保險這一行，就要勇敢告訴別人：「我在做保險，想跟您談保險。」甚至進一步替客戶**

檢視保單。絕對不要因為怕被拒絕而不敢開口談保險，除非客戶不願意透露或真的不想購買保險，那就另當別論。

慧珠的人生啟示錄

每個客戶都得來不易，所以我很珍惜，也很感激。雖然不見得我服務的都能讓客戶滿意，但每張保單我都全力以赴，為客戶爭取最大的保障。現在才知腳踏實地去做該做的事，就是生命最大的喜樂。

愛客戶、愛朋友、愛家人就要真正了解他們的保障在哪裡，要勇敢為客戶、朋友和家人介紹保險，做個盡職的保險業務員。

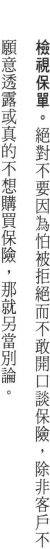

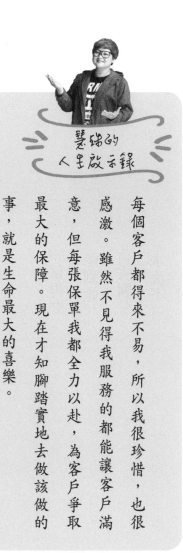

對愛情絕望，對親情渴望

他對我算是一見鍾情吧！我看他受過高等教育，讀了不少書，出監後也很勤懇認份地去做水電工，極力保證支持我的信仰和反毒的決心，於是我再度走進婚姻。沒想到這個當初很勤奮工作的男人，因為毒品出賣自己的人格，也害了家庭……

我在二〇〇五年認識了曾因吸毒而入獄的他。他是警察出身，捧了八年的員警鐵飯碗，父親也是警界退休。可惜的是他收受賄絡，並染上安非他命，人生便自此毀了！

第三段婚姻又栽在毒品手裡

我和第三任先生是在教會的小組聚會上認識的，他對我算是一見鍾情吧！我看他過去受的是高等教育，雖然曾因毒而服刑，但出監後腳踏實地從事水電工。那時，鄭牧師（臺中錫安堂教會的牧師，錫安堂是我在中途之家主日聚會處）極力反對我們的婚事，但第三任先生婚前極力保證會支持我的信仰和反毒的決心，於是，我再度走進婚姻，他成了我的第三任老公。

願意嫁給他是因為對共同的人生有盼望，期待未來能相知相惜、同甘共苦。即使結婚前他一貧如洗，沒有存款、沒有機車汽車，我也不在意。我不只一次告知他，婚後不用負擔我和我的兩個孩子，只希望他能賺錢養活自己，我不拿他的薪水。他承諾會好好照顧我，我全然相信。

「婚姻是愛情的墳墓」，這句話再次上演在我的人生裡。結婚不到兩年，平靜的生活全都變了樣，他開始阻止我上教會、不准我和孩子去參加小組聚會。後來，我察覺到他在吸毒，原來是遇到以前那些一起吸毒的朋友，禁不起誘惑，又吸起安非他命。不僅如此，連辛苦賺來的血汗錢，也是一領到工資，便衝去賭博電玩店，把錢賭光光才願意回家。

當時的我，再次跌落萬劫不復的深淵，每天過著地獄般慘痛的日子。我該如何對孩子、對父母交代啊？我也無法對自己和所有愛我的人交代。我想到未來恐怕沒有辦法再站到講臺上，去幫助那些毒癮犯與更生人，「要反毒先把自己的先生管好吧！」他們肯定會在臺下這麼說。

想想當年吸毒時，母親以死勸告，我仍義無反顧繼續吸毒。這是報應嗎？怎麼現在換成我用死威脅老公不要再吸毒，而他的回應就跟當年我對母親的態度一模一樣。

我忘了我是人，我不是神啊！一個受到毒品控制、被毒品牽著鼻子走的人，心裡怎麼可能還會去考量其他人，他們處在沒有親情、愛情和友情的。他們的世界，只剩毒品。

有一回我喝了五十八度的高粱酒，等他一進家門，我便衝過去用左手揪住他胸口的衣裳，將他釘在牆上，他被我嚇到，主動舉起雙手投降。

當我右手握緊拳頭，準備攻擊他的頭部時，恰巧一個念頭在腦海裡閃過：「妳是基督徒，怎麼可以動粗呢？」蹦得一聲，那顆拳頭落在他耳邊的牆壁上，整個過程只有短短三秒鐘而已，我完完全全崩潰……，這麼多年來的努力，全部都白費了，說好的幸福呢？就這樣，我的第三段婚姻又栽在毒品的手裡，人生就像被判了死刑，這代價無法想像。

我再度身陷深淵、封閉自我，縱使向上帝呼救，卻感覺上帝一定也無法解救我。於是，接連自殺三次，最後一次還進了加護病房，性命垂危。

有一天的探病時間，他帶著我的兒子，兩個人一起來到加護病房的床邊，也不顧小孩就在旁邊，大聲地咆哮「妳母親憑什麼罵我」等，一堆不堪入耳的話。

當時，我奄奄一息躺在床上，血壓降到四十幾，隨時有掛掉的可能。但我的腦袋是清晰的，我下定決心，「如果讓我活著離開加護病房，一定跟他離婚，並且和毒品誓不兩立」。

我一直吵著出院，吵到護士受不了，請值班醫師過來說：「小姐，妳不要一直吵好不好？沒有人是直接從加護病房出院的。妳血壓這麼低，隨時會有生命危險。」

我雖氣若游絲，仍不顧一切想要出院，最後值班醫師告訴我：「妳要先轉到普通病房才能出院。不過，妳現在有立即性的生命危險，要出加護病房的話，得簽下同意書（講白一點就是出院後的死亡與醫院無關之切結書）。」我簽完同意書後，馬上轉往普通病房，旋即辦理出院。回到家中，看見他便淡定的說：「走吧，我們去把手續辦一辦吧！」

那天是二〇〇七年五月中旬，我再度離婚了。儘管天氣非常炎熱，我的心中卻是無比淒涼。這個當初很努力很勤奮工作的男人，為了毒品出賣自己的人格，也害了家人與家庭，我再不情願，也只有選擇放手。

離婚之後，前夫仍不時騎著機車，在我的住處附近徘徊，也常常傳簡訊給我，希望能有機會挽回，我拒讀他的簡訊。兩年後的某天，聽到他燒炭自殺的死訊，我沒有掉下一滴眼淚，只因他對我的傷害太深太深。

歷經第三任老公的愛恨糾葛後，我才恍然大悟，原來**吸毒傷害的不只是當事人而已，更深深傷害愛著自己的家人與朋友。**過去的我，也是這樣害己又傷人。

以前我對吸毒的心態是：「吸毒是個人的事，我不偷又不搶，花自己的錢吸毒為何有罪？」如今這種想法真令人嗤之以鼻。

只要一想到母親一而再、再而三地容忍我這個「匪類」，我就痛下決心，一定要與毒品抗戰到底，要讓毒品滾出我的身旁、我的家庭。在第三段婚姻裡，我總算嘗到身為吸毒者的家人有多麼痛苦、多麼悲淒、多麼不堪了。

一個人沾染毒品，摧毀的不是個人，而可能影響無數的家庭，也製造許許多多的社會問題。省思自己以往吸毒的情景，頓時覺得好羞愧好羞愧！

毒癮發作像趕死隊一樣可怕

離婚後不久，得知交往了七年（我二十歲到二十六歲）的黑社會男友出監了。我們兩人約在中山公園（現在的中國醫藥學院附設醫院停車場）碰面，正所謂「景物依舊，人事全非」，我們坐在搖椅上對看許久。

我首先打破沉默，告訴他這些年我認識了耶穌及戒毒後的新鮮事，愈講愈開心，不覺手舞足蹈起來。當然，我是真心希望有機會能夠改變他、影響他。

只見他聽了眉頭深鎖，問道：「珠，妳到底是受到啥咪刺激，妳吶欸變尬安呢？」他那對熟悉的眼睛，露出生澀的眼神……。他，完全不認識眼前的陳慧珠，那個交往七年的女朋友。彼此的心瞬間拉開很大很大的距離。

幾個月後，他表態要我重回到他身邊，但，這是不可能的事，我們已經是生活在不同世界的人了。我意志十分堅定，從今以後我要過的是「有意義的生活」，不再走回頭路，反毒到底。而他，依然故我。

又過了兩個月，友人告知，因為他施打毒品過量，死了。我沒有見到他的最後一面。那年，我三十七歲，他四十歲。我已盡力要將他拉出毒獄，可是他選擇與魔鬼為伍，後果其實也是預料得到，我的心很痛，卻很無奈。

回想二十四歲那年，由於海洛因是很昂貴的一級毒品，想要天天施打海洛因，不得不冒險走上販賣毒品這條路。

還記得有一對住在南投埔里的夫妻，因為毒癮發作、痛苦難耐，打電話來向我求救，要跟我買毒品。於是，我便請他們直接來臺中住處取貨。過沒多久，就聽到陣陣急促的敲門聲，門一打開，看到這對夫妻頭破血流、傷勢甚為嚴重，我一邊拿毒品給他們施打，一邊問他們「到底是怎麼搞的」。

他們說，毒癮發作實在太痛苦，注意力根本無法集中，一聯絡上我、確定有「貨」後，像趕死隊一樣，開著車拚命往前衝，一心只想著要趕快施打海洛因，一路上，紅綠燈都不停，油門幾乎催到極限，結果在恍惚之間撞山了。救護車來了，也不想坐，叫了計程車直接就到我這裡來了。唉，為了打一針海洛因，連性命都可以不要，這是吸毒者的悲劇。

浸泡在毒品的那些日子，經常一堆人一起吸毒，口頭上稱兄道弟，實際上在吸毒後往往翻臉不認人。一旦有人因施打海洛而不醒人事，這一堆人便會一哄而散，根本不理會已經不醒人事的毒友。就有一次友人開著車載了毒友，他們一車四個人在車上施打毒品，坐在後座的一個毒友在施打海洛因後立刻翻白眼、口吐白沫，友人見狀立即將車子停到路旁，坐在他旁邊的另一個毒友開了車門，一腳將他踹下車，讓他死在路邊。

慧珠的人生啟示錄

三次婚姻挫敗，仔細思量是因為雙方都不成熟，沒有用「無條件的愛」來對待另一半。進入婚姻前，請先學習包容和捨己為人。

仁義道德是什麼？所有的吸毒者都是只顧自己，為了有錢買毒品，不惜偷拐搶騙，甚至燒殺擄掠，什麼壞事都幹得出來！連性命都可以不要。這是吸毒者的悲劇。

有一盞明燈，等著我回頭

此生最對不住的就是父母。一向強大的母親中風了，她遺憾唯一的女兒不曾向她撒嬌。但我怎麼可能撒嬌？肉麻死了！要我開口說「媽媽我愛妳！」打死我都不幹。

在我的人生中，最為愧對的人就是我的母親。母親年輕時，有張明星臉，長得相當漂亮，百分百是正妹一枚。可惜她沒有受教育的機會，只能做個農家婦女，終其一生為整個家忙碌。

但身為一名母親，她已經做得夠多，也夠好了。為了我，她幾乎用盡了所有的方法，拚了命就是要將我拉回正軌，而我曾經一次又一次地讓她失望，為她帶來無盡難堪與羞辱。她曾經痛苦到想自殺，卻也是為了我，勇敢撐住整個家。

親情的愛，喚我回家

在我眼裡，母親是一個韌性極強、很會做生意的女強人，我從未想過，有一天她竟然會倒下來。

二〇〇七年七月，母親毫無警訊的中風倒下，頓時家裡亂成一團。母親病後，家也四分五裂。不幸中的大幸是，雖然母親傷到左手和左腳，但我還有機會照顧、陪伴她。不過，讓母親覺得遺憾的是，唯一的女兒不會向她撒嬌。

我怎麼有可能撒嬌呢？簡直肉麻死了。要我開口當面向媽媽說

「媽媽我愛妳！」然後再給個擁抱，打死我都不幹。雖然《聖經》上說要「尊榮父母，孝敬父母」，但有誰聽過大姐頭、女流氓會跟媽媽說愛的。這是我跟自己內心的對抗。不過，在某次上電視節目錄影時，我竟然「破功」了。

主持人訪問母親：「妳對女兒還有什麼話想說的嗎？」母親回應：「我只生這個查某囝仔，伊不曾甲我『腮捺』！」

主持人聽了，便要求我抱抱母親，還要我跟媽媽說「我愛妳」，還說要錄我親媽媽臉頰的畫面。

我心裡很掙扎……，這簡直是……，胡鬧啊！「我我我……，我做不到！」但攝影機就在前面，似乎沒有商量餘地了。我倒吸了一口氣，拿出以往走跳的氣概，「來吧！」

第一次開口跟媽媽說愛她，我的聲音顫抖著，擁抱她時，動作也很僵硬，親吻母親的臉頰更是彆扭，全身都起雞皮疙瘩，手臂汗毛一根根地直豎，好可怕的感覺呀……。

對我來說，要我親母親一下，似乎比拿刀出去搶劫還要困難一百倍的樣子。好不容易完成這個艱難的任務，攝影師卻說：「啊，不好意思呀，剛剛那個畫面拍得不夠好，還要再錄一次。所以慧珠要麻煩妳再親一次唷！」

我心想的是，這個攝影師是故意在整我的吧。要是換成以前那個我，早就開罵了，哪有可能還笑嘻嘻地乖乖配合。重錄了三次，攝影師終於放過我，說OK了！

母親倒是笑開懷，她說：「這拜，我賺到啊！」只是連親三次母親的臉頰，就讓她開心得合不攏嘴。

這輩子，**我對母親只有虧欠，無以回報，也只能夠用我全部的**

生命來愛母親。

第二愧疚以對的人是父親。

我與父親間沒有很多對話。國中畢業之前，我天天挨他揍。在我吸毒的日子，他卻沒有再打過我，只有念過我兩次說：「查某人不要按捺甲人操，不要喫菸喫這麼大。」

父親是總鋪師，有著一身好廚藝，我們一家七口從小就吃父親煮的菜長大，直到他的手腕開始沒力甚至腫脹，罹患痛風，關節疼痛，才辭掉廚師工作。

我沒住烏日家裡之後，父親儘管長期飽受關節疼痛，但每次只要我回到家中，他仍會親手為我煮一頓豐盛的晚餐。父親總是能烹調出家的味道。

後來，父親因為關節疼痛難耐，經常吃一種黑藥丸，吃下去後，症狀很快便能得到舒緩，但長年吃這種不明成份的藥，導致他腎衰竭，迄今每星期必須洗腎三次。

年邁的父親牙齒快掉光了，我老是說：「阿爸，你嘴巴張開，給我看你的牙齒。阿爸現在吃飯要阿母先咬爛，再吐給你吃嗎？」我故意開玩笑，逗得兩老呵呵笑！

看著日薄西山的父母，我心裡萬分不捨……，**我只有盡最大的努力，讓他們對我放心，陪伴他們安享晚年。**

孩子，媽媽愛你們

一眨眼，兒子已經二十歲了。兒子突然間長高不少，我和女兒瞬間變成被他保護的對象。家裡大小瑣碎的事，有關妹妹生活的一切，全都是哥哥在張羅。妹妹依賴慣了哥哥，哥哥呵護妹妹更是眾所皆知的事。

我與女兒間，從原本的無法溝通，到不知道該如何溝通，到現在她總是帶著笑容、很逗趣，很愛跟我說話，也很貼心。坦白說，我一直很擔心女兒會跟我以前一樣，走上另人擔心的一條路，所以始終繃緊神經在當一個母親。

女兒在國小四年級時就開始叛逆了，例如我叫她十聲，她連一句都不回。看著她每次跟我對話，都手握著拳頭、「結屎面」，想當個有智慧有修養的母親都很無力，但也不敢輕易對孩子講重話，怕傷到孩子的心。

當了母親之後，才體會到教導孩子原來這麼難。於是，我開始認真做功課，每天早上我會切三種顏色以上的水果，放置在隔盒子裡，在她要上學前，偷偷放進她的便當袋裡。

幾個月過去了，有一回我問女兒：「媽媽切的水果，妳都有吃嗎？」她說：「有！」突然之間有種莫名的感動，快掉下淚來，因為女兒已經好久沒跟我講話了。

我再問：「妹妹，那妳同學有說什麼嗎？」女兒得意的回答：「有啊，我同學說『妳媽超好的，我們都只有一個芭樂或一根香蕉，要不就是一顆蘋果，妳媽媽是切水果盤給妳吃耶』。」

女兒上學時，我每天去她的房間整理她的棉被。日子一久，果然我的用心，讓孩子感受到了。

有天早晨我身體不舒服，坐著睡覺，女兒的衣櫃在我的房間，上學前，她一定會到我房間拿衣褲。她看見我坐著睡覺，便輕輕地將我扶躺在床上，還替我蓋上棉被。

其實，妹妹挪動我的那一刻，我早就醒了，但仍然緊閉著眼睛。等她一離開房門，我的眼淚早已溼了枕頭，心中感動不已。原來為人母親之後的付出，真的是不求回報的，一旦孩子有一點點的回饋，就心滿意足了。

我不動手打孩子，只有用愛用禱告用行動來表示對孩子的關愛。我也從不拿他們跟別的孩子比較。

我跟孩子的約定全都是以愛之名。我們會開家庭會議並做記錄，最後三個人都得在記錄冊簽上大名，表示這所有的規範都是在三個人同意的情況下執行。

例如上網時間的約束，有時孩子難免會玩過頭，便記警告一次，警告三次，就立刻拔掉網路線，並停止上網一個月，如此一來，他們便會乖乖遵守。只要時間快到了，我就溫柔地提醒他們一下，不用給孩子臉色看，也不用氣呼呼地責罵，他們便曉得時間到了，主動關掉電腦。

女兒長大後逐漸懂事，常關心我的狀況。記得有一次在教會做禮拜時，我坐在最後面，女兒從我眼前經過，我便隨著女兒的身影移動視線，她走到飲水機前倒了一杯水，小心翼翼地端著那杯水走到我面前，要遞給我喝，我接過手說聲謝謝。這是她從未有過的舉動，讓我感到很窩心。

我曾收到一封女兒在學校寫給我的信：

「媽，自從國中畢業後，你一直默默幫助我，讓我讀上理想中的學校，現在的我已經讀上第一志願，您也非常開心。

新學期一開始，不熟悉的環境還有老師和同學們，現在漸漸熟悉了，也認識一堆好朋友，但課業也逐漸繁重⋯⋯，之後的三年，

一對兒女是支撐我持續改變的動力。為了他們我努力成為好的學習對象，不再讓負面能量侵襲我。

我會一直進步，邁向自己的人生！

媽，自從我生出來後，你一直辛苦的照顧我，呵護我。從我小時候一直惹一堆事情，讓您感到很煩惱，不過您依舊疼惜我，我依舊還是您的寶貝女兒。」

我讀後紅了眼眶，心中無比欣慰。

說到另一個寶貝兒子，舉個生活中的例子分享。

有一回，我連續十四天與加拿大來的恩典合唱團，準備到臺灣各個監獄巡迴宣教。從家中要出發前，兒子主動拉著我的手，說：「媽媽，我為妳禱告！」禱告完後，他還給了我一個擁抱，鼓勵我說：「媽，妳要勇敢！」

活動結束回到家，因租屋處在沒有電梯的舊公寓四樓，我打電話給兒子說：「哥哥，媽媽回來了！我在樓下，你下來幫媽媽把兩包行李拿上樓好嗎？」掛上電話，很快就看見他下樓來。

我指著地上兩包行李說：「哥哥，先幫我拿上去吧！」兒子沒有看見放在地上的行李，他只看見站在眼前，已兩星期沒見面的母親，「我們先來個擁抱吧！」

兒子總是如此的體貼，如果我沒有持守在對的道路上，這個畫面絕對不可能出現。

因自己書讀得少，對於孩子期望很深，希望孩子多讀書，將來在社會上也較能立足。當然，要影響孩子最大的模範來自於母親本身，母親以身作則就是最直接的身教。希望以後兩個孩子也學我的模式，將愛的教育傳承給他們的下一代。

慧珠的人生啟示錄

親情是世界上最微妙的關係，血液裡流著一樣的血，就算有一天都要各分東西，也不會改變這份親密的連結。

親情可以使人奮勇向上，不顧身上流著血還是淚，仍甘心為自己的孩子奮戰到底。

破繭重生，告別黑暗人生

生命中的不堪際遇，可摧毀一個人，也可在旅途轉彎，成就無限的美好。因毒品殘害而支離破碎的人生，卻也因著上帝和許多人的愛，又一片一片拼接完整。正如種下的種子，有了陽光、空氣、水，悄悄萌芽，在適當時刻破土而出，然後迎向曙光。

走正確的路，恩典數不完

臺中錫安堂鄭大衛牧師雖然一開始並不看好住在中途之家的這群迷途羔羊，卻依然關愛著我們。

尤其當鄭牧師看到我確實不斷努力改變，便以行動表示支持。得知我從事保險工作，他居然將全部保單轉給我，讓我有機會為他們全家效力。

我發現自己越來越單純，不再計算別人，也不再有疑猜他人的心態。鄭大衛牧師一直希望有一天我能變淑女，只是這個挑戰頗大，我壓根沒想過要當淑女，鄭牧師卻向我下戰帖！如今有幾次嘗試穿長裙去教會，我正在學習如何順服他給我的功課。

有一次，我興沖沖去教會見了鄭牧師，說：「牧師，我告訴您喔，我現在一個月賺十萬塊ㄟ！」鄭牧師抓抓頭髮，皺起眉頭問：「妳做了什麼工作？」

他以為我又重回八大行業，覺得這件事不得了，我開心的答：「我啊……，以前吸毒每個月至少要花十萬塊買毒品，現在不吸毒，那不就一個月賺十萬嘛！」鄭牧師恍然大悟，跟著開心大笑。

二〇〇六年我榮獲臺灣更生保護會臺中分會提名，選拔「反毒真英雄獎」，我是唯一的女性得獎人。上臺領獎前，大家站舞臺旁等候，我淚水不斷湧流。引領我到臺前的小姐嚇了一大跳，領獎應該是開心的，怎會淚流滿面呢？

是的，要上臺領獎的剎那間，這十幾年來很不容易越過的種種艱難，一幕幕在腦海裡快速播放著。落淚，是在慶祝自己，又勇敢往前邁一大步！

這十幾年來是怎麼走過來的，受到的恩典數也數不完！

我也要特別感謝臺灣更生保護會臺中分會在高風險家庭及弱勢家庭這個區塊做了很多，雖然我已經離開臺中更生團契中途之家，但直到現在我們全家仍蒙受更生保護會臺中分會的支持與恩惠。更保的愛，我永遠放在心上。

反毒不歸路，我願終生到監獄服事

我曾活在毒品的黑暗世界裡十年有餘——大口吸毒、大聲嗆人。吸毒↓入獄↓吸毒，是我沒有信仰之前的人生寫照。

吸毒是一條不歸路，反毒同樣也是一條不歸路，只不過意義大不同：一日吸毒，終身戒毒。**我向上帝宣告，也對自己承諾，我會做到，也要幫助仍在毒品煉獄中遭受莫大苦難的毒友。**

不再碰觸毒品後，我開始與獄中同學書信往來，不曾間斷過。我寫給同學的信，保守估計已超過兩萬封以上。

深深覺得吸毒者被抓進牢房「是福不是禍」，只要關進監獄一年，可以戒斷生理的毒癮，並且重新調整生活作息及生理機能，所以吸毒者在監獄的這段期間是很重要的轉捩點。**我相信每個受刑人內心，都有一顆良善的種子，時候到了會萌芽，成長茁壯，甚至勇敢走出來，再回頭幫助其他身陷泥淖的人。**

我並不知道寫信能夠帶給同學多少幫助，但至少有些同學沒有家人或朋友關心，透過書信讓他們至少能得到一些些溫暖。高牆內的每個同學，心都是封閉、冰冷的。有的書信往來十幾年，信中各個承諾若回歸社會必定要如何奮發向上，然而當踏出監獄大門時，所有的承諾便化為烏有。

我們這些志工老師，有時，也會因為同學再度的跌倒，而失去信心與熱情，甚至灰心到極點。如果沒有信仰的支撐，實在很難持續關愛下去。

從二〇一一年起，我隨著臺中忠孝路基督長老教會（新生命小組）的曾牧仁杰牧師，進入臺灣各個監獄布道。曾仁杰牧師曾經是放浪不羈的黑道大哥，因為信仰改變他的人生。這是一個比較特殊的小組，其中一個特色是，組員皆為更生人，十多年來，進進出出小組的更生人，將近八十人左右。

曾牧師以過來人的身分，希望同學從監獄回來時，可以來參與更生人的聚會，彼此鼓舞與勉勵，一起回歸正常的生活，並活出有盼望的生命，將上帝的愛傳遞到監獄中。

迄今每星期三早上，我會隨董月春牧師進臺中女監上查經班。每星期四下午，則到臺中監獄信區上查經班課程。固定進監獄服事，主要是陪同學多走一哩路。獄中幾乎一半以上都是毒品案，毒品難以戒斷，回籠率高達八成以上。

有位警界退休的友人曾這樣說：「我在警界服務三十幾年，抓過無數的毒犯，吸毒的人會戒得掉，打死我都不相信！但是，妳……，陳慧珠真的不簡單，能夠走出來，讓我很佩服！」

為什麼吸毒犯走不出來呢？嚴厲說是對自己太仁慈，捨不得自己吃那麼一點點苦頭，捨不得自己受那麼一點點委屈，捨不得自己去承受現實生活的任何壓力。

吸毒的同學生命沒有出口，以致急難來時、無助來時、困迫來時、挫折來時，找不到正確的紓壓管道，只好一再地躲到毒品的世界裡，以為逃避就是解決。**我之所以堅持進入監獄服事，就是要讓同學看到吸毒的人有路可以走！正確的信仰，絕對可以改變一個人往正確的路走！**

何德何能，與法官們分享生命的改變

彰化黃法官曾邀請我與十幾位法官及檢察官一起聚會，共用午餐。我是個吸過毒的更生人，作夢都想不到能與法官、檢察官同餐共食，他們聆聽我講了一小時生命的改變，坐在我對面的一位妙齡女法官回應：「我判過這麼多煙毒犯的刑期，煙毒犯老是這些人。妳今天的見證使我感到不可思議！」

與這些法官、檢察官一起聚會，我相當謹慎，深怕一個不小心就說錯話。當然，我期待的是讓他們可以親眼看見，一個曾經無可救藥的煙毒犯有回頭的一天，我不是在證明自己可以的，而是上帝祂自己在證明祂可以的！

我知道過去的那個自己軟弱得像條蟲，多虧了信仰的支撐，我

才能夠跨過障礙，能遇見愛、感受愛，也學會開始付出愛。以愛之名，我會勇敢奮戰到底！

這是受刑人寫給我的一封信。

「親愛的慧珠姐：

已經有很多年了，已經不知道有多少次了，妳總是在妳的分享見證裡，提及了我們過去的那段荒唐歲月……。

妳曾經在我一出監所大門時，立刻仗義的送了我一支裝著海洛因的針筒。對此，妳一直感到內疚和抱歉。尤其是妳看過了我的沉淪，得知我付出的代價，是寶貴的光陰和無價的自由。

對照昔日，如今的妳已然脫胎換骨，而我卻走在漫漫長路，不知歸期，想必妳內心的自責和感嘆，不言可喻。如果當時妳給予我的不是毒品，而是一分信仰及信心的幫助，或許我會有不同的人生。妳應該是無數次的在內心裡這樣糾結著。

很遺憾人生沒有或許，每個人都該為自己的選擇負責，我從沒怨嘆過妳，我怪自己的喪志和墮落，也許妳當時沒有拉我一把，但我也相信，妳已為了當初錯誤的言行付出很大代價，並且妳用了加倍的心力和時間來證明，來幫助曾和妳一樣迷失的我們。

妳可能不知道，其實妳給了我很大力量，在我受挫時，在我沒信心時，在我對信仰感到質疑時，我就想到了妳的經歷，上帝的愛如何造就了妳，剛強了妳，保守了妳，在妳走投無路時，在妳失志遇難時，在妳身體病痛時，在妳受到種種試探和試煉時，都沒能阻止妳緊緊的依靠祂。

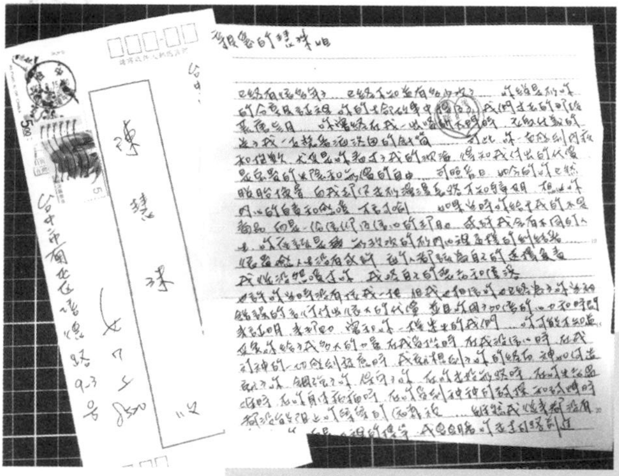

小琪同學寫給我的信。與監獄同學通信，是為了讓他們知道還有人在關心他們、等待他們回頭。

雖然我從來都沒有說，但妳一直是我心裡的標竿，我要朝著妳走過的路前進。我知道這不容易。

PS：如果不是上帝透過妳來轉達祂的美意，如果不是我藉由妳被感召了，我不會九年以來，都不缺席的坐在這裡聽。謝謝妳。

陳○○」

重新看重自己，化腐朽為神奇

有個幽默的小故事，講的是現代社會不再用學歷來衡量一個人的成就或價值。

老師對同學說：「坐在你旁邊的同學如果功課好，你要對他好一點！」同學問：「為什麼？」老師笑著回答：「因為將來他可能是你的同事！」

老師接續又說：「如果坐在你旁邊的同學功課很差，你要巴結他！」同學異口同聲：「為什麼？」老師語重心長說：「因為未來有可能他是你的老闆！」

看完之後，也許大家會會心一笑，但在現代這個社會裡，不就常常出現這類的例子嗎？

人人都有翻轉命運的機會，即便蹲過牢房亦然。人的潛力無窮，記取經驗將使生命更加茁壯。俗話說：「打斷手骨顛倒勇！」將心態歸零，一切仍可能逆轉勝！

回想當年踏出監獄大門時，親友離棄，無處容身，幸好有臺中更生團契女性中途之家遮風避雨，有教會的愛，幫助我安然度過數年的困頓。

後來，想腳踏實地當個認真工作的上班族，卻得靠績效才有薪資的業務工作時，逼著我去思索賺錢真的如此困難嗎？為什麼別人可以業績輝煌，組織滿堂；而我卻前途一片茫然？

喔！心態要歸零，要像一塊擰乾的海綿，要不恥下問，要謙卑柔和，要將別人的優點，所傳授的專業知識領會吸收在腦海裡，問中學、學中問。

歸零，才知道自己是多麼的無知。歸零，才能打開另一扇世界之窗。歸零，是學習與改變的起點。

看重自己，化腐朽為神奇，態度可以決定一切，想到就要做到，光說不練，只會阻擋前進的腳步。更生人很難不被外界貼上無形的標籤，當然，社會上還是有許多人願意給更生人機會，但也有很多更生人讓給予機會的善心人士感到失望及後悔。箇中滋味，如人飲水，冷暖自知。不過，更生人想要走正確的路，做正經的事，過有規律的生活，是可以的。

機會來時，是否懂得好好把握住，不要找到藉口就走「回頭路」。要走的，應該是「回頭」這條路才對。這條路上充滿挑戰性，不必去羨慕別人擁有的一切，只要認真對待自己的生命，勇敢邁出成功的第一步。

如果你／妳是更生人或受刑人，請不要再擔心害怕，沒有人會笑我們，勇敢的為自己為與家人往好的方向改變，才是最正確的事！徹底砍斷毒品，把進監獄這咒詛的惡夢破除吧！

我們不要當一個提著會客菜，去監獄、去看守所、去少輔院看自己孩子的父母親。我們應該勇敢拒絕，不要讓我們的孩子和孫子重蹈覆轍！**捍衛你的家庭，必須狠下心來對自己說：「毒品，我向你宣戰，滾出我的家！」**

請篤定地跟毒品說：「不！」我相信你我要的都是一樣的東西，就是再多金錢也買不到的「愛、平安與喜樂」。

前方的路程還未跑盡，即便人生的上半場一蹋糊塗，還有人生下半場，故事不到最後不能論輸贏。還要繼續奔跑前方的路程，活出生命價值，散發自信的光芒！

相信願意改變，就沒有任何理由攔阻前進，相信自己可以活出愛，相信有愛就能創造奇蹟。當家人需要我們的時候，請勇敢挺身而出；當社會需要我們的時候，可以大聲說：「我在這裡，我願意為社會盡一份心力。」

「要為自己戰鬥。有時要贏得尊重，有必要被羞辱。沒人能打敗你嗎？只有一個人能打敗蘇丹，那就是蘇丹自己。……他是個摔角手，無論在何方，他都會戰鬥。」這是印度電影《摔角王蘇丹》中一段話語。從卑賤不堪、挫折沮喪、體弱多病，自我放逐，到如今被形容幽默風趣、被肯定讚美、有喜樂平安，我珍惜當下擁有的一切，也為每一個美好的明天好好勇敢活下去。

你／妳也可以的！我相信。

慧珠的人生啟示錄

從吸毒到反毒一路走來，感激所有曾經幫助過我的人。如今我在職場上一樣要用我的專業榮耀上帝，我也將終生關心受刑人，鼓舞受刑人，分享見證更生人一路努力的結果！

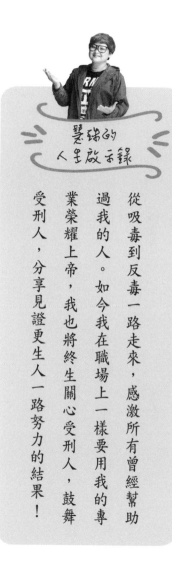

【超有感分享】

在黑白的人生中注入色彩

富邦人壽保險公司前董事長　**鄭本源**

幾個月前，我收到《重生》這本書。當時只是不經意的翻了一下，卻翻到書裡有我和作者的合照，才知道作者是富邦的保險經理人，便一口氣把它給看完了。這本書是作者陳慧珠對自己過去二十幾年荒唐歲月的告白。她赤裸裸地揭露與讀者分享，並堅定的宣告，她已正式告別自己的過去。

有許多周遭的人都曾經懷疑「陳慧珠能成功改變嗎？」這個改變是要從黑白的人生變成彩色的生命，並找回自己潔淨的靈魂。從結果來看，這答案是肯定的。

目前的臺灣社會處處充滿誘惑，資訊泛濫到讓人更輕易便能接觸錯誤的價值觀和生活觀，稍有不慎，即誤入歧途。尤其是對未來充滿不安、迷惘和恐懼的年輕人，實在令人擔心。其實，人生的許多價值，往往不在於成功得意時，彰顯了什麼事蹟，而在於失意潦倒時，仍能自行爬起，努力改變，去做對他人對社會有意義的事。

浪子回頭金不換。這句話是對一個曾經犯過嚴重錯誤的人，願意改過向善，重新回頭，甚至貢獻社會的一種包容和鼓勵。陳慧珠就是這樣的人。她在獄中因為受神的恩典與感召成了一位虔誠的基督徒，並立志要幫助所有更生人找回自我價值。

現在的她，經常到各監獄做見證和布道，和獄友分享她黑暗的過去和如何能重拾光明自信與自我價值，而且成效卓著並獲得許多榮譽與總統接見表揚。

同時，她也是富邦人壽保險公司的業務主任。大家都知道保險行銷是一份推廣愛與家庭責任的工作，非常適合她現在所扮演的角色。所以她更積極地把這份工作當作一份志業在經營，希望能透過保險幫助更多的人。這分熱忱讓我非常感動，故趕在本書再版時，答應為她寫序推薦。希望所有讀者都能從她的奇蹟人生中獲得更多的體會。

看著「同學」沉淪的心痛

寫給在毒海裡載浮載沉，
戒毒尚未成功的人。

人活著，下一秒鐘會發生什麼事，你我都不知道。拒絕毒品、勇敢跟毒品說「不！」是很多煙毒犯都不敢理直氣壯、大聲宣告出來的話，因為他們活在沒有未來、沒有盼望的日子裡，因為沒有人教導他們拒絕毒品，或即便教了、也不肯學，對他們而言，拒絕毒品才是最痛苦的事。

他們太容易被利誘了。處在這個現實的社會，有誰能二十四小時陪在身邊提醒著，他們會埋怨自己學歷低、身體差，而且在牢裡待久了，沒有工作過，想回頭卻老到無法與社會接軌。其實，想要徹底改變自己的人，會用各種方式改變困境，不想改變的人，則會用盡各種藉口再去吸毒，到處騙拐，很快又進去監獄。

這是很多煙毒犯的宿命。在《重生》這本書裡，我用個人的經歷勉勵戒毒者，期待他們都能獲得書裡的戒毒密碼，順利脫離毒品的綑綁。

我一在強調的是「把愛留給家人」，就像我不希望我的孩子有樣學樣，甚至是成為「提著會客菜，去監獄、去看守所、去少輔院看自己孩子」的父母親。多為家人著想，常常可以幫助戒毒者撐過痛苦的過程。

有次，我替臺中更生團契董月春牧師前往臺中女子監獄被告房上課。大約有三十多位女同學坐在走廊上的矮凳子聽課，我拿起麥克風先向她們問好，接下來我便詢問「這裡有沒有同學曾經跟我關在一起過？」有三位同學舉手。

我心裡很震撼也很難受，我已經回歸社會超過二十年，她們卻還在跟毒品藕斷絲連。

「曾經上過我的課的同學請舉手！」我繼續問。大約一半的同學都舉了手。心痛啊，這代表著毒品案的回籠率如此之高。第三個問題是「曾經看過我寫的書的同學請舉手！」全部都舉手了。

於是，我按著當時的感動給他們上課，兩個小時的課程裡有歡笑有淚水有感動，唱著我們的歌，講著共同的語言，與同學之間沒有隔閡，彼此都可以敞開心。

在男子監獄可沒有這般熱情。有一回我與加拿大恩典合唱團到臺灣各地監獄巡迴宣教，來到臺東監獄。

那裡非常擁擠，每個同學表情都非常嚴肅，他們雙手抱在胸前，眼神盯著我，像在說著「我就看你們要幹什麼！」還好活動流程跑了一半，大部分人都被我們感動了，只有一位同學仍抱著胸，完全沒表情。

輪到我上臺講見證時，講到一半，我的臉幾乎要貼近他的臉，並試著搖動他的心思、輕聲對他說「你知不知道像你這麼帥的人，不可以被關在監獄裡，你應該是在外面讓大家欣賞的。」見他無動於衷，我眼睛盯著他的眼睛又再講一次「像你這麼帥的人待在監獄裡『真無采』啦！」話說完，他馬上臉紅了。

當活動結束，我們準備要離去時，這位同學攔住我，問我「妳是不是張同學的好朋友？」我回「是的！」我記住他的號碼，並告訴他「我會給你寫信。」

直到有一天，我接到他的電話，他已經回來了（從監獄回到社會裡了），我去一趟他家拜訪，還送了一束花，恭喜他即將重生了。只是沒過多久，他又沉淪了。

那次，我受邀去臺中監獄禮堂做專題演講，我演講時不習慣站在講臺上，喜歡近距離與同學接觸，用共同的語言，讓彼此有共鳴，當我走在走道上，聽到一個聲音喊著「慧珠姐啊！」循著聲音，我與他眼神交會。我的內心有著說不出口的難過，想著「怎麼又在監獄裡碰面了。」

身為一個以親身經驗，誓言反毒的生命教育講師，我能體會那些難以跨過的關卡，畢竟我自己也曾沉淪其中。對於走在我以前那條路的人，我給予的鼓舞不曾間斷過，但再度入監的人，往往是無法戰勝自己，抗拒不了誘惑，終究得透過牢房的禁錮來約束。

（此文為二〇一八年獲頒法務部矯正署〈反毒有功人士獎〉於授獎時發表的得獎感言）

頭痛人物更需要「愛」

寫給正在學習、
想要與家人和解的你。

我的母親在五十五歲那年中風，如今已經過了十多年了。對於一位曾經很強勢、很會賺錢的母親而言，中風是很大的打擊。她始終認為身上有很多錢，其他人才會看的起她。說真的，我無法改變她頑梗的想法。

這輩子我都不會忘記母親施予我的恩惠。還記得我生三胎孩子，都是母親徹夜待在醫院婦產科、守候在我的身旁，陪伴我的痛苦與難熬，直到我順利生產。

我被毒品制約的那十一年，等於糟蹋母親整整十一年，那種糟蹋肯定讓母親終生難忘。即使我現在已經「重生」超過二十年了，仍然不能在她面前提起我以前的「惡行」，只要有人一提起，她必會馬上激動到發抖、咬牙切齒。我傷害母親如此之深。

還有好多吸毒者不懂得回頭是岸，不知道家人已被傷害到體無完膚，甚至有人一得知吸毒者即將出獄，就嚇得趕快搬家，這種狀況屢見不鮮。唯有吸毒者自己願意改變，並給自己機會去改變，才能看到這個社會其實還有溫暖。

幾年前，我受邀請至臺中監獄禮堂專題演講，特地安排但以理學院的學長學姐與我母親一起到場旁聽。那是我的母親第一次進入監獄，我的目的是要讓同學看到，我在重生之後，家人會感到安慰。那是一場很感動的演講。

母親生病太多年，造成她有嚴重的猜疑心，對任何事敵對，讓身為晚輩的我們吃足了苦頭。有時候，她說翻臉就翻臉，常讓我感到措手不及。我並沒有和她硬碰硬，只能等她想通了、氣消了、我內心受傷的障礙移除了，才想辦法進行下一步的溝通。

以前我是她的頭痛人物，現在換成她是我的頭痛人物了，忍耐與愛是唯一的管道，誰叫我以前傷她的心。從上帝那裡得來的愛，才能源源不斷對母親的關懷。去安養院探望她時，我會帶著她愛吃的食物，並耐心傾聽她的心聲，然後我會用溫和的言詞勉勵她安慰她，也為她祝福禱告，她總是會在結語大聲說「阿們！」

願疫情早日離去，讓更多基督教團體進入安養院，有一些康樂活動，也可讓母親沐浴在基督裡。

沒有距離的親子關係

寫給親子關係緊張、
想要拉近彼此距離的你。

單親家庭讓我更加倚靠聖經的話，神的話讓我有不滅的信心。禱告是我力量來源，這是不變的真理。曾經我與叛逆期的女兒處於無法溝通的階段，透過信仰禱告讓我長智慧，與孩子相處更融洽。

我一直在做一件事情，就是希望維持我走在正軌的日常，同時與孩子像嚴母也像益友般相處。養育孩子是母親的重責大任，無怨無悔的付出乃是正常，要活出精彩的生命，還要讓孩子看見我是心口合一，而不是說一套做一套的人。由於我們的生活緊密相連，我的待人處事孩子都看的一清二楚。

許多家長喜歡拿自己的孩子跟別人的孩子相較，我覺得這樣很不妥，我也不喜歡這樣。小時候，母親也常拿我跟別人比較，我非常痛恨也討厭這種感覺，如今母親仍不改此性（但我仍愛我母親），因此我並不會告訴她太多事情，這成為我經營親子關係的警惕。「比較」對孩子是一種傷害，也是無法親近的緣由。

我和兒子、女兒一家三口相依為命。每個星期六晚上九到十點是我們一起唱詩歌、讀聖經、看講道，一起禱告家庭祭壇的時光。

我不會錯過這個時間點，為的是「傳承」兩個字。一開始，女兒對於家庭祭壇感到不悅，可是我必須堅持到底，我希望兩個孩子一生一世都能有上帝的眷顧。我無法一輩子看顧他們，但耶穌祂可以。

我是一位為孩子祝福禱告的母親，用讚美孩子、肯定孩子來代替責打孩子，我與女兒之間的代溝因此消失了，從原本的話不投機半句多，到現在好到可以一起洗澡。女兒會主動約我「肥婆，走，洗澡了！」我也豁達的回答「好，馬上到！」我們在浴室裡可忙的呢，不只洗頭洗澡，還要聊天，還會瘋狂的打水仗。這就是親子之間的親密互動。

我的兒子個性溫和，呵護妹妹到無話可說。有次，我們一家三人在一起，吃飯時間到了，哥哥只問妹妹要吃什麼，就自顧自地出去買了。我故意吃起醋來，假裝埋怨兒子怎麼沒有問我。我想，大概在兒子內心裡面，只知道不忘我所託，要幫我好好照顧妹妹，至於身為媽媽的我就負責拚經濟。

兒子大學畢業後，也加入富邦人壽、跟著我做保險業務員，現在仍處於磨練階段，但我對他有所期待，願將來我的接班人是自己的兒子。在保險這塊領域，我努力不懈打下一些基本客戶群，這是非常不容易之事。對我而言，能在前途一片黑暗的時候，殺出一條血路來，是付出多少代價才得到，所以我格外珍惜。

前些日子，我們母子三人一起接受《臺灣醒報》的記者的採訪，期間記者問到女兒「如果有人說『妳媽媽以前是吸毒的』，妳會怎麼樣回應？」還記得女兒回答記者「但我媽媽現在到處講反毒專題的講座，也講很好啊！最重要的是『她很愛我！』」聽在我耳裡，感動在心裡，我感到非常的安慰。

〔附錄〕

作者獲獎&媒體採訪&文集刊登紀錄

得獎紀錄

二〇〇四年五月　榮獲財團法人基督教更生團契第二屆傑出更生人《義光獎》

二〇〇四年十月　當選中華民國觀護協會第三屆《旭青獎》

二〇〇四年十二月　總統府蘇秘書長貞昌召見「旭青獎」及「金舵獎」得獎人

二〇〇五年十一月　草屯「儂星盃」歌唱比賽獲得《優勝獎》乙座

二〇〇五年十一月　臺灣更生保護會「更生60讓愛起飛」反毒宣導徵文比賽、榮獲社會組《佳作獎》

二〇一〇年五月　家扶基金會「親子歌唱大賽」，第一名

二〇一一年九月　彰化「柚慶中秋」歌唱比賽，勇奪冠軍

二〇一二年八月　榮獲法務部第二屆海峽兩岸《傑出更生人獎》

二〇一二年十二月　榮獲中華民國第十一屆《金舵獎》

二〇一三年四月　總統府馬英九總統召見第十一屆「金舵獎」得獎人表揚

二〇一三年十一月　榮獲更生保護會臺中分會《模範家庭獎座》

二〇一四年九月　彰化「柚慶中秋」歌唱比賽，季軍

二〇一四年十月　首次達成富邦人壽「國外高峰競賽」，榮獲中三區 FYC 競賽業績排行第九名

二〇一六年十一月　榮獲臺灣更生保護會更生 71 更保之愛《反毒真英雄獎》

二〇一八年六月　獲法務部矯正署〈反毒有功人士〉殊榮

二〇一九年六月　彰化幸運草歌唱大賽「冠軍」

二〇二〇年八月　更生陪您拚振興歌唱大賽「優勝」

媒體採訪 & 記錄片

二〇〇二年〇〇月　《馨園》改變生命的見證紀錄片

二〇〇五年三月　民視電視臺新聞部專訪《第三隻眼》

二〇〇五年五月　三立電視臺「黃金七秒半」節目，主題：《奮鬥的女人》

二〇〇八年十二月　法務部反毒紀錄片《我能你也能》

二〇一二年三月　群健電視臺專訪紀錄片《心晴角落》

二〇一二年三月　好消息 GOOD TV 電視臺「真情部落格」人物專訪《當櫻花綻放》

二〇一三年十月　大愛電視臺紀錄片《青春舞曲心靈舵手》

二〇一五年八月　臺中更生保護會臺中分會慶祝七十週年，《反毒公益紀錄片》

二〇一八年三月　新聞雲採訪〈從毒海沉淪到獲總統表揚 陳慧珠的逆轉人生〉

二〇一九年十月　法務部反毒宣導影片〈無毒人生 由你作主〉

二〇二〇年四月　大愛電視臺採訪探索周報〈包著糖衣的毒〉

二〇二〇年十一月　大愛電視新聞臺採訪〈歸白人生路〉

二〇二一年三月　古典音樂臺採訪〈白袍守護者〉

二〇二一年九月　臺灣醒報採訪〈疫情下 3 更生人 翻轉人生走正路〉

文作文集刊登

二〇〇一年二月　《財團法人基督教臺中更生團契季刊》，文：〈耶和華祝福滿滿〉

二〇〇二年七月　《中國時報》「浮世繪」文：〈三輪黑兜壞〉（七月八日）

二〇〇二年十月　《美樂家生活誌》，文：〈您甘有要返來？〉

二〇〇三年一月　《宇宙光》，文：〈蛻變〉

二〇〇三年八月　《臺灣更生保護會臺中分會會訊》，文：〈不再迷失〉

二〇〇四年三月　《財團法人基督教臺中更生團契季刊》，文：〈義光獎得獎感言〉

二〇〇四年十月　《新使者雜誌聖誕特刊》，文：〈新造的人〉

二〇〇五年十一月　「臺灣更生保護會」《更生60讓愛起飛》文：〈勇敢地走下去〉

二〇〇六年十月　《財團法人基督教臺中更生團契》季刊，文：〈ARE YOU READY〉

二〇〇七年五月　《臺灣更生保護會反毒大特輯》文：〈勇敢走下去〉

二〇〇八年十月　《更生63「轉個彎、愛在不遠處」》，文：〈勇敢找回屬於自己的路〉。

二〇一二年四月　《臺北法鼓山基金會「開啟幸福11密碼」》「與幸福有約」文：〈知足就是幸福〉

二〇一二年七月　《佳音月刊》，文：〈陳慧珠垃圾女變黃金主管〉。

二〇一二年七月　貝多芬第四代傳人慈善音樂會，學員見證文：〈主的愛永不改變〉

二〇一三年三月　《臺灣更生保護會臺中分會「更生合集」》「原生無界」文：〈吸毒嗑藥成追憶，美麗人生握手中〉

二〇一三年五月　《臺灣更生保護會臺中分會「更生會刊」》，文：〈有妳真好〉

二〇一四年四月　《財團法人基督教臺中更生團契》雜誌，文：〈讓耶穌看見你〉

二〇一四年八月　《財團法人基督教臺中更生團契》雜誌，文：〈夢田〉

二〇一五年四月　「臺北更生保護會總會」《預約人生下半場》，文：〈信

仰帶來曙光：點燃重生希望〉，九歌出版

二〇一五年五月　《財團法人基督教臺中更生團契雜誌》，文：〈美生之旅〉

二〇一五年十月　《財團法人基督教臺中更生團契雜誌》，文：〈奇異恩典〉

二〇一六年二月　《社團法人臺東縣基督教監獄福音關懷協會會刊》，文：〈勇敢吧！〉

二〇一六年四月　《耕心月刊》，文：〈為罪憂傷的眼淚〉第一〇二四期。

二〇一七年六月　《臺灣更生保護會臺中分會「愛在行走」》文：〈甦情——「馨」家園〉

二〇一七年十一月　《耕心月刊》，文：〈傳福音不管得時不得時〉

二〇二〇年四月　福音協進會《航向月刊》，文：〈第三條路〉

重生
從煙毒犯到王牌保險經理人的眼淚與轉捩【暢銷增訂版】

作　　者／陳慧珠
文字協力／張幸雯
選　　書／林小鈴
主　　編／梁志君

行銷經理／王維君
業務經理／羅越華
總 編 輯／林小鈴
發 行 人／何飛鵬
出　　版／原水文化
臺北市民生東路二段 141 號 8 樓
電話：（02）2500-7008　傳真：（02）2502-7676
E-mail：H2O@cite.com.tw　部落格：http://citeh2o.pixnet.net/blog/
發　　行／英屬蓋曼群島商家庭傳媒股份有限公司城邦分公司
臺北市中山區民生東路二段 141 號 11 樓
書虫客服服務專線：02-25007718；25007719
24 小時傳真專線：02-25001990；25001991
服務時間：週一至週五上午 09:30 ～ 12:00；下午 13:30 ～ 17:00
讀者服務信箱：service@readingclub.com.tw
劃撥帳號／19863813；戶名：書虫股份有限公司
香港發行／城邦（香港）出版集團有限公司
香港灣仔駱克道 193 號東超商業中心 1 樓
電話：(852)2508-6231　傳真：(852)2578-9337
電郵：hkcite@biznetvigator.com
馬新發行／城邦（馬新）出版集團
41, Jalan Radin Anum, Bandar Baru Sri Petaling,
57000 Kuala Lumpur, Malaysia.
電話：(603) 90578822　傳真：(603) 90576622
電郵：cite@cite.com.my

封面設計／劉麗雪
內頁排版／陳喬尹、吳欣樺
封面攝影／水草攝影工作室（鍾君賢）
照片提供／陳慧珠
製版印刷／科億印刷股份有限公司
初　　版／2018 年 01 月 18 日
初版 6.8 刷／2018 年 12 月 07 日
增訂版 1 刷／2022 年 01 月 11 日
增訂版 2 刷／2023 年 05 月 02 日
定　　價／380 元

ISBN　978-626-95425-6-7

國家圖書館出版品預行編目資料

重生：從煙毒犯到王牌保險經理人的眼淚與轉捩 / 陳慧珠作 . -- 修訂1版 . -- 臺北市：原水文化出版：英屬蓋曼群島商家庭傳媒股份有限公司城邦分公司發行, 2022.01

面；　公分

ISBN 978-626-95425-6-7（平裝）

1. 陳慧珠 2. 自傳 3. 臺灣

783.3886　　110021939